国学典藏·线装书系

三十六計·孫子兵法

【普及版】

第四册

〔春秋〕孙武·著

时代出版传媒股份有限公司
黄山书社

卷五 势篇

原文

孙子曰：凡治众如治寡[1]，分数[2]是也；斗众如斗寡[3]，形名[4]是也；三军之众，可使必受敌而无败[5]者，奇正[6]是也；兵之所加，如以碫投卵[7]者，虚实[8]是也。

注释

①治众如治寡：治理人数众多的军队与治理人数很少的军队一样。众、寡，这里指军队人数的多与少。②分数：军队的组织编制。③斗众如斗寡：指挥人数众多的军队作战与指挥人数很少的军队作战一样。斗众，指挥人数多的军队作战，使动用法。④形名：军队的军事号令。『形』指目所见者，『名』指耳可闻者。与《军政篇》中的『言不相闻，故为鼓铎；视不相见，故为旌旗』意近。⑤必受敌而无败：即便受到敌军攻击，也不致失败。必，即使、一旦。一说，必是『毕』的通假字，完全、全部之意。全句意为：整个军队受到敌军攻击而没有失败。汉简本作『毕受敌而无败』。⑥奇正：古代兵法中的重要术语，含义颇广。在兵力部署上，正面受敌者为正，机动突击者为奇。在作战方式上，正面攻击为正，迂回侧击为奇。按一般原则作战为正，采取特殊方法作战为奇，等等。⑦以碫投卵：拿坚硬的石头去砸禽蛋。碫，磨刀石，一种坚硬的石块。这里用来比喻以实击虚。⑧虚实：古代兵法中的重要术语。常指军事实力上的强弱、优劣等。

译文

孙武说：一般来说，治理人数多的军队与治理人数少的军队一样，这是军队的组织编制问题。指挥人数多的军队作战与指挥人数少的军队作战一样，这是指挥号令的问题。整个军队受到敌人的进攻而不会失败，这是『奇正』战术的运用问题。军队攻击敌人，就像以石击卵一样，这是正确运用『虚实』的问题。

原文

凡战者，以正合，以奇胜①。故善出奇者，无穷如天地，不竭如江河②。终而复始，日月是也；死而复生，四时是也③。声不过五，五声之变④，不可胜听⑤也。色不过五，五色之变⑥，不可胜观也。味不过五，五味之变⑦，不可胜尝也。战势不过奇正⑧，奇正之变，不可胜穷也。奇正相生⑨，如循环之无端⑩，孰能穷之⑪？

注释

①以正合，以奇胜：以正兵交战，以奇兵制胜。合，合战、交战。②善出奇者，无穷如天地，不竭如江河：善于出奇制胜的人，其战法的奇正变化就像天地万物那样变化无穷，像江河之水那样奔流不息。③死而复生，四时是也：死、生，这里是指四季的更替。④五声之变：古代以宫、商、角、徵、羽五个基本音阶表示乐音的高低，称为五声，或五音。变，变化。⑤不可胜听：听来不可穷尽。胜，尽、穷尽。⑥五色之变：古代以青、赤、黄、白、黑五种基本颜色为正色，称为五色。⑦五味之变：甜、酸、苦、辣、咸五种味道的变化。⑧战势不过奇正：作战的形式不外乎

奇和正的运用，战势，作战形式。⑨奇正相生：奇正之间的相互依存和转化关系。这里强调的是奇正双方的统一性问题。⑩如循环之无端：就像顺着圆环旋转一样，无止无休。循，顺着、沿着。环，圆环。无端，没有尽头。⑪孰能穷之：谁能够穷尽它呢？孰，何、谁。之，指代奇正的变化。

译文

凡是用兵作战，都是用正兵当敌，用奇兵取胜。所以，善于出奇制胜的指挥者，其战法的变化有如天地那样不可穷尽，像江河那样不会枯竭。周而复始，如同日月的运行；去而复来，如同四季的更替。乐音不过五个音阶，然而这五音的变化，却会听不胜听；颜色不过五种色素，然而这五色的变化，却能看不胜看；滋味不过五种，然而这五味的变化，却是尝不胜尝。作战的形式不过是奇、正两种，然而奇、正的变化，却是无穷无尽的。奇、正之间的相互转化，就像顺着圆环绕行一样，无始无终，谁又能穷尽它呢？

原文

激水之疾①，至于漂石者，势也；鸷鸟之疾②，至于毁折③者，节④也。是故善战者，其势险，其节短。势如彍弩⑤，节如发机⑥。

注释

①激水之疾：激，湍急。疾，迅猛、快速。湍急的流水飞速奔泻。②鸷鸟之疾：猛禽迅飞搏击。鸷鸟，凶猛的飞

禽，如鹰、雕、鹫等。③毁折：这里指鸷鸟捕杀鸟兽。④节：节奏。这里指搏击的动作既迅疾又有节制。⑤彍弩：拉满待发的弩弓。彍，把弓拉满。⑥节如发机：发机，击发弩机，将箭射出。机，弩上的机纽，类似枪上的扳机。

译文

湍急的水流飞速奔泻，以致可以漂移石头，这是流速迅疾形成的『势』；猛禽迅飞搏击，以致能捕杀鸟兽，这是短促迅捷的『节』。所以善于用兵作战的人，他所造成的态势险峻逼人，他所掌握的进攻节奏短促有力。这种态势的险峻，如同张满的弓弩；这种迅疾的节奏，就像击发弩机。

原文

纷纷纭纭①，斗乱而不可乱也②；浑浑沌沌③，形圆而不可败④也。乱生于治⑤，怯生于勇⑥，弱生于强⑦。治乱，数也⑧；勇怯，势也；强弱，形也。故善动敌者，形之，敌必从之⑨；予之，敌必取之。以利动之，以卒待之⑩。

注释

①纷纷纭纭：这里指旌旗杂乱的情形。②斗乱而不可乱也：在混乱的状态中作战却要做到有序不乱。斗乱，在乱中作战。③浑浑沌沌：混杂迷蒙不清。④形圆而不可败：阵势部署首尾呼应，能应付各方面的攻击。⑤乱生于治：混乱产生于严整之中。另一说，军队要示敌以混乱，必须有严整的组织。⑥怯生于勇：怯懦产生于勇敢之中。另一说，军队要示敌以怯懦，必须具备勇敢的素质。⑦弱生于强：弱小产生于强大之中。另一说，军队要示敌以弱小，必须具

有强大的实力。⑧治乱，数也：军队的严整与混乱，取决于组织纪律的约束是否有序。⑨形之，敌必从之：以假象迷惑敌人，让他判断失误，他必定会上当。形，示形。⑩以利动之，以卒待之：用小利去调动敌人，用伏兵伺机破敌。动，调动。卒，这里意为伏兵。

译文

在战旗纷乱的混杂状态中作战，要做到队伍严整不乱。在浑沌迷蒙的情况下，要部署阵势首尾呼应，对各方面的攻击应付自如。军队要示敌以混乱，必须有严整的组织。示敌以怯懦，必须具备勇敢的素质。示敌以弱小，必须拥有强大的实力。军队的严整或混乱，取决于组织纪律的约束是否严密。军队的勇敢或怯懦，取决于作战态势的优劣。军队的强大或弱小，取决于双方的实力对比。所以，善于调动敌人的指挥者，以假象迷惑欺骗敌人，敌人就会上当；予敌以利，敌人就会受骗。用小利去调动敌人，同时以伏兵伺机攻击它。

原文

故善战者，求之于势，不责于人[①]，故能择人而任势[②]。任势者，其战人[③]也，如转木石。木石之性[④]，安则静，危则动[⑤]，方则止，圆则行。故善战人之势，如转圆石于千仞之山者，势也。

注释

①求之于势，不责于人：把注意力放在追求有利的战略态势方面，而不是单纯苛求部属。②择人而任势：选择

适宜的人才，充分驾驭形势。③战人：即指挥士卒作战。与《形篇》中『战民』含义相同。④木石之性：木、石的特性。⑤安则静，危则动：在地势平坦之处则静止，在地势陡峭之地则滚动。安，安稳，此处指平坦的地势。静，平静、静止。危，危险、陡峭，此处指险峻的地势。

译文

所以善于用兵作战的人，总是致力于创造有利的作战态势，而不去苛求部属，因此他能够选择适宜的人才以充分驾驭形势。善于利用军事态势的将帅指挥作战，就像滚动木头、石头一样。木、石的特性是，放在安稳平坦的地方就静止，放在险峻陡峭的地方就滚动。方形的东西静止不动，圆形的东西容易滚动。所以，善于用兵作战的人所造成的有利态势，好像把圆石从千丈高峰滚落下来一样，这就是所谓『势』。

经典事例

齐桓公立威慑众

春秋时期，管仲相齐。那时正当春秋初期，周王室的势力已经衰微，不仅失去了对诸侯国的控制能力，而且自己也相当于一个二等诸侯国，只不过保持一个『天下共主』的虚名；相反，诸侯国的势力却迅速膨胀。由于经济的发展，诸侯国对别国土地和人民的占有欲更加强烈，于是出现了频繁的兼并战争和大国争霸的局面。春秋初期的诸侯争霸，主要在黄河下游各国之间展开，当时黄河下游的大国有郑、宋、卫、鲁、齐五国，小国则有陈、蔡、邢、谭、遂、纪、莒、杞等。最初中原地区曾出现了郑国独强的局面，但自郑庄公死后，由于发生内乱，郑国的势力便中衰了。由于中原无主，诸侯混乱，又造成异族入侵的局面。在这种形势下，把中原各国联合起来，节制诸侯之间的肆意侵伐，抵御异族的侵扰，以发展中原地区的经济和文化，就是当时客观形势的需要。这就是说，中原需要一个霸主，来代表周天子向诸侯国发号施令。这就看谁的势力最强，谁就能充当霸主的角色。

当时齐国是齐桓公在位。为了激励和帮助齐桓公实现称霸诸侯的目的，管仲深思熟虑，成竹在胸。他首先提出尊周亲邻的总方略，一是采取军事、外交等各种手段使诸侯朝齐，二是令周天子给齐桓公的霸权地位以合法的外衣。为实行总方略，他建议桓公先修内政，后图外事，他献出一整套改革方案，先使齐国国富民安，并且提出『仓廪实而知礼节，衣食足则知荣辱』的著名论断。在军事上，管仲提出要寓兵于民，并提出一套用军器赎罪的办法，在人才选拔方面，提出『匹夫有善可得而举』，从而提高了部分庶民的社会地位。为了保证一系列改革方案的施行，管仲还建议桓公改革中央官制。齐桓公接受这一系列的改革方案，并付诸施行。于是齐国迅速强盛起来。接着管仲想到要齐国称霸于天下，外交策略十分重要。于是提出一套『亲四邻、广结交、以德服天下』的外交策略，并且重新勘察齐国的疆界，把侵占邻国的土地归还给他们，明确标定邻国的边界。这样就安定了四邻，使邻国亲信齐国。管仲还主张积极发展同诸侯国的经济交往，实行『关市几而不征』的政策，即不征收关税和市场税，这样经济上的开放，又取得了政治上的信任，提高了齐国的声誉和威望。当然管仲也清楚地意识到，由于历史的原因和现实的利害冲突，诸侯国之间的

矛盾和斗争，是异常激烈和错综复杂的，诸侯国之间的关系，也因此呈现出反复无常的状态，今日是盟友，明日可能就是仇敌，而强凌弱，大欺小，尚权诈，轻信义，更是普遍现象。因此管仲认为齐国处在这样一种环境中，要想称霸诸侯，光靠行德义是不够的，还必须『示之以武』。所以管仲辅佐桓公称霸的历史，也是一部武力征伐史。其间运用了许多计谋，其目的就是为了使桓公成为令人敬服的霸主。

公元前684年冬天，齐国开始对外用兵，目标是齐国西北边的一个小国谭国，因为齐桓公当年出奔莒国时，曾路过谭国，谭君对他很不礼貌。齐桓公回国即位后，诸侯国都来祝贺，谭国又不来。小小谭国竟敢对齐国如此不恭，何以服天下？所以齐国出兵伐谭，很快把谭国灭掉。但齐桓公『代谭而不有』，就是只征服它，并不贪其地而去占有它，这就达到了使许多小国对齐国『信其仁而畏其武』的目的。公元前682年，宋国发生争夺君位的内乱，第二年三月，齐桓公借周天子名义，邀来宋鲁、蔡、陈、卫、郑、遂、郳等国会盟于北杏，谋划平定宋国内战。但到期前来会盟的只有宋、陈、蔡、郳四国，齐桓公便决定讨伐不尊王命、不来会盟的国家。经过管仲对形势的分析，最后决定先拿鲁开刀，但齐国并没有直接进攻鲁国，而是先出兵鲁国的附庸国—遂国，并很快灭掉了遂国。这明显的是杀鸡给猴看，目的是给鲁国点厉害瞧瞧。因为遂是鲁国的北部邻国，齐灭遂就直接威胁到鲁。当时鲁国在齐国的邻国中是最强的，又曾两次打败过齐国，对齐国从来不大服气。在齐国出兵救燕时，向各国请兵支援，鲁国口头答应，却按兵不动。因此鲁国是当时齐国通向霸主道路上的主要障碍。但由于齐桓公在管仲的策划下，实行以德报怨的安鲁政策，以

免其投靠楚国。一方面努力与鲁修好，归还以前所侵占的土地，以利诱之，于是鲁庄公对齐国既惭愧又感激，所以第二年齐国伐莒，鲁庄公下令全国男丁全部参军入伍，支援齐国伐莒，于是关系有所改善。现在齐国灭掉遂国，对鲁示之以武，给予一定的军事压力。加上鲁国看到许多诸侯国都归附了齐国，感到寡不敌众，所以鲁国就主动与齐修好，与齐在柯结盟。

为了称霸诸侯，齐国必须实行兼并战争，但得师出有名，于是借口小小谭国竟对齐国如此不恭，即借谭的过失灭谭，并以此显示武力。齐国要称霸天下，必须让诸侯国敬服，才能树立威严。灭谭而不吞并其地，借以使许多小国对齐国『信其仁而畏其武』，恩威并重，达到敬服它的效果。灭遂也是一样，找其过失而灭之，但更主要的目的是要杀鸡儆猴，以此慑服鲁国。这是管仲施用『指桑骂槐』之计，使齐桓公迈出实现霸业的关键的一步。通过实施以上策略，齐桓公终于在继位的第七年开始登上霸主的宝座。

齐国称霸后，威望大增，势力迅速发展，连楚国的盟国都归服了齐国，这引起楚国的强烈不满。加上南方的楚国早有向中原扩张势力的野心，因此就接连几次伐郑，来打击齐国在中原地区的势力。于是齐桓公就考虑联合诸侯救郑伐楚，想对屡屡伐郑的楚国来一个出其不意的打击。但在当时的条件下，如何隐蔽自己的战略企图，迷惑楚国，达到攻其不备出其不意呢？恰在这时，齐桓公生活中出现了一个小插曲。原来蔡国曾与齐国修好，为了加深两国关系，蔡侯把自己的妹妹嫁给了齐桓公。有一天，齐桓公和蔡在园中乘船游玩，蔡和桓公闹着玩，故意把船摇得来回晃荡，桓

公不会水，怕船翻了，被吓得脸色都变了。他制止蔡，而蔡却故意撒娇不听，把船摇得更加厉害。于是桓公大怒，就打发她回娘家蔡国，以示惩罚，但并没有要和蔡解除婚姻的意思。可是蔡侯却感到受了莫大的侮辱，以为桓公此举就是休妻，一气之下，就把妹妹嫁给楚成王。消息传来，桓公十分恼恨。借此，管仲就提出『以讨蔡之名行伐楚之实』的方略。蔡国与楚国相邻，拿下蔡国，再以迅雷不及掩耳之势，全力攻楚，就可以打楚国一个措手不及。桓公兴兵伐蔡事在情理之中，以此掩盖伐楚企图，不易被楚识破。虽然事情的发展有了变化，伐蔡之后，消息泄露，于是管仲随机应变，灵活地变换方略，决定和楚谈判，以大义责之，使楚国不战而屈服。齐国借口楚国已经两年没有向天子贡献菁茅了，菁茅是一种较长的茅草，是楚国按惯例应向周王室贡献的一种特产植物，祭祀时把菁茅捆成束立在祭坛上，把酒从上面浇下，使酒顺着菁茅下渗于地，以象征神饮酒。这样可以说是为天子而兴兵伐楚，迫使楚国承认不贡菁茅之罪。于是与楚国在召陵订立盟约，表示要共尊天子，友好相处。在这里管仲以讨蔡之名，行伐楚之实，既伐了蔡，又打击了楚国。

斐豹斗智杀督戎

公元前550年，齐庄公煽动晋国的逃臣栾盈带领人马占领了曲沃，自己随后起兵接应，准备两面夹攻，占领晋国的首府绛都。栾盈攻占曲沃后，径直杀向绛都，吓得晋平公钻进宫里躲了起来。范匄、赵武等连忙率兵迎敌。栾盈手下有一员名叫督戎的虎将，杀得晋军魂飞胆落，无人敢与他对阵。赵武麾下有两员骁将，一位叫解雍，一位叫解肃，

这哥俩硬是不服，在赵武面前夸下海口，定要捉拿督戎献功。结果一交手就被督戎打得落花流水，解雍重伤而亡，解肃万幸逃得性命。范匄、赵武又调来勇士牟刚、牟劲两兄弟，与解肃合在一起，来了个三英战督戎，但仍不能取胜。就在范、赵武无计可施的时候，范匄帐下的一名叫斐豹的奴隶自告奋勇对范匄说：『我原是屠岸贾手下的人，屠岸贾作乱满门抄斩，我也受到株连，丢了官职，成了奴隶。我的名字已上了丹书（奴隶的文书档案），您若是能把我的名字从丹书上去掉，我就去杀死督戎。』范匄正为无人战胜督戎发愁，听得斐豹能战督戎，将信将疑。他对斐豹说，你要是真能战败督戎，我不仅请示晋侯烧了你的丹书，还提拔你为中军牙将。

第二天，督戎又在阵前大呼搦战，斐豹手提一把五十多斤重的铜锤，单身赴敌。斐豹对督戎说：『别人怕你，我可不怕你！你要是有胆量，就把兵车退后，我与你双手对双手，兵器对兵器，单个较量，拼个高低！』督戎哪里把斐豹放在眼里，跳下兵车，徒步与斐豹战将起来。战约二十回合，斐豹卖个破绽，向早就侦察好的一道短墙逃去。督戎以为斐豹力竭，穷追不舍。斐豹跳过短墙，躲在墙下，待督戎过墙的一刹那间，冷不防从背后用铜锤朝督戎头上砸去。督戎躲闪不及，立时脑浆迸裂，一命呜呼。

督戎一死，栾盈失去了臂膀，不久兵败被杀。齐庄公闻讯连忙在中途撤军回齐国去了。

范敢于破格用人，为扭转战局，剪除栾盈叛党，发挥了重大作用。

田氏乘隙巧代齐

陈完是陈国的公子，因陈国内乱，他怕大祸及身，便逃到齐国，改姓田氏。到他重孙田须无时，步入仕途，在齐国已有一定地位。田须无去世后，其子田无宇继续事齐庄公，很受宠爱，地位益重。在齐国的贵族中，田氏与高氏、栾氏、鲍氏颇有四雄并立之势。其时高氏的家主是高强，栾氏的家主是栾施，鲍氏的家主是鲍国。高强之父高虿因驱逐高止，谮杀闾邱婴，引起国人不满，高强继其父为大夫，也把国人的怨愤承袭下来。高强年少嗜酒，栾施也贪恋杯中物，两人很合得来，与田无宇、鲍国也就来往较少，四族遂分成二党。高强和栾施两人聚饮，醉后常谈论田、鲍两家短长，两家闻知，渐生疑忌。一天，高强醉后鞭打一个仆人，栾施也帮着他打，仆人怀恨，连夜跑到田、鲍两家，说高强和栾施准备聚集家众突袭田、鲍二家，田无宇和鲍国急忙召集家众，分发盔甲武器。派人打探消息，回报说高强和栾施正在栾家痛饮，才知是仆人谎报情况。田无宇与鲍国商量说：『仆人的话虽不可靠，可我们起兵的事他们必定知晓，产生怀疑。倘若他们先下手攻打我们，再后悔就来不及了。不如趁他们饮酒无备，前去袭击。』于是两家甲士杀往栾家，将栾府围住。栾施急忙点起家众迎战，从后门突围而出，高氏家众闻讯也赶来助战，双方都奔向王宫，相持不下，栾、高屯于宫门之右，田、鲍屯于宫门之左。齐景公闻变，紧闭宫门，命人召见晏婴，晏婴劝齐景公助田、鲍以攻栾、高，于是栾、高大败，逃奔鲁国去了。

田、鲍既胜，便将栾、高两家的财产对半分了。鲍国将家财据为己有，田无宇却别有打算，他将分得的土地财产造册登记，献给齐景公，齐景公大喜。他还给齐景公的母亲孟姬送了一份厚礼，孟姬对齐景公说：『田无宇诛除强宗

势族，以振兴公室，胜归于上，他这种谦让的品德应该得到报偿。你何不把高唐之邑赏赐给他呢？』齐景公按照母亲的话做了，田氏开始富足起来。田无宇还想进一步做好人，便对齐景公说：『各位公子当年被高强之父高虿驱逐出来，实在是无辜受罚，应该把他们召回来。』齐景公答应了，田无宇以齐景公的名义派人分头去迎接流亡在外的子由、子商、子周等公子。并用自己的私财为他们置办幄幕器用以及随从人员的衣履。诸公子能够回到祖国，已是欢喜不尽，又见器具应有尽有，非常完好，知是田无宇送给他们的，个个都感激不尽。田无宇索性一不做二不休，大出家财，凡公子公孙没有俸禄的，都以私禄分给之，又访求国中有贫穷寡者，私下送给他们粮食。田无宇去世后，其子田乞继承了他的这些做法，极力施惠于民，向外借贷时，以大斗出，收回时，却以小斗入，贫不能偿者，则把债券焚毁。晏婴看出了田氏的野心，屡次劝谏齐景公，让他宽刑薄敛，给人民以实惠，以挽留人心，但齐景公执迷不悟，不肯听从。于是，田氏逐步获得齐国人心，宗族越来越强盛，势力越来越大，人民心归田氏，愿为田氏赴汤蹈火。

齐景公病重，命左右相国夏和高张立宠姬芮子之子荼为太子，到他死后，国夏和高张立荼为王。田乞与齐景公的另一个儿子阳生友善，对立荼一事很不满。他表面上对高张和国夏表示尊敬亲近，上朝时常与他们并车而行，对他们说：『各位大夫都不想立荼为王。现在荼已立为王，您们辅助他，各位大夫人人自危，都想作乱。』又欺骗各位大夫说：『高张很有威胁性，不如先下手搞掉他。』诸大夫表示同意。于是，田乞联合鲍牧和各位大夫，率兵杀

入王宫，经过激战，高张被杀，国夏逃奔去莒国，国王荼则逃奔鲁国去了，遂立阳生为王，是为齐悼公，由田乞为相专国政。

田乞死后，其子田常代立。鲍牧与齐悼公有嫌隙，杀掉悼公。悼公之子被立为王，是为齐简公，以田常和监止为左右相。田常一心想害监止，但监止很受简公宠爱，搞不掉他。于是田常重施其父故伎，大斗出，小斗入，收买人心。当基础牢固后，田常便起兵杀害了监止，并杀简公，立简公之弟为王，是为平公，田常为相。田常杀了简公，怕其他诸侯国起兵讨伐，便把过去侵夺的鲁、卫二国之地归还二国，遣使与晋国韩、赵、魏三氏及吴、越交好，对内则论功行赏，亲抚百姓，于是齐国安定无事。他对齐平公说：『德施是人所喜欢的，由你来行，刑罚是人所厌恶的，由我来行。』如此五年，齐国的大权民心全部归于田常。田常势力既盛，起兵尽诛鲍氏、晏氏、监氏及公族之强盛者，把齐国自安平以东直至琅琊的土地都划为自己的封邑，封邑面积比齐平公拥有的土地要大得多。至此，齐国基本上已是田氏的了。其后，田常子田盘，田盘子田白，田白子田和世专齐政，田和最终取代齐康公，成为齐国的君主。

田氏自陈国逃到齐国，势单力孤。经过数代经营，竟能在几大强宗并立的情况下发展出自己的势力，且脱颖而出，实在是方法得当，正合『乘隙插足，扼其主机，渐之进也』之言。纵观田氏代齐的过程，最值得注意的有两点：一是极力收拢民心，把民众的支持从公室拉到自己这边来；二是利用齐国贵族之间错综复杂的矛盾，寻找同盟，抓

住时机，把有可能成为自己对手的强宗大族一一消灭。在代齐这件事上，田氏并不操之过急，而是从巩固基础入手，稳扎稳打，步步为营，循序渐进，经过几代人的不懈努力，终使田氏大盛，在齐国一枝独秀，最后水到渠成，瓜熟蒂落，由魏文侯替田和向周天子进言，由周天子正式册封田和为齐侯，既代齐国之政，又无篡夺之名，田氏之心机可谓深矣。

卷六　虚实篇

孙子曰：凡先处战地而待敌者佚①，后处战地而趋战者劳②。故善战者，致人而不致于人③。能使敌人自至者，利之也④。能使敌人不得至者，害之也⑤。故敌佚能劳之⑥，饱能饥之⑦，安能动之⑧。

注释

①凡先处战地而待敌者佚：处，占据，占领。《太平御览》作『据』。佚，汉简本作『失』，通『逸』，闲逸、从容。②后处战地而趋战者劳：趋，疾走，快步而行。这里有仓促之意。趋战，即仓促间奔赴应战。劳，劳倦，疲弊。在战争中如有利地形、时机被敌人占据而仓促之间应战，则易陷于被动、疲弊。③致人而不致于人：致，招致、引致。致人，调动对方。致于人，被对方所调动。④能使敌人自至者，利之也：自至，自动前来。利之，以利相诱。此谓以利诱使敌人自来就歼。⑤能使敌人不得至者，害之也：害，阻挠，扰乱。此句谓使敌人无法到达战地，是由于对它进行了牵制、阻挠。⑥敌佚能劳之：劳，疲弊。使敌人由安逸变为疲弊、劳倦。⑦饱能饥之：饥之，使它饥饿、匮乏之。使敌人由供应充足变为饥乏。⑧安能动之：设法调动敌人，使之不能安稳。

译文

孙武说：凡先到达战地等待敌人前来的就从容主动，后到达战地匆忙应战的就疲倦被动。因此善于作战的人，总

是调动敌人而不被敌人调动。能让敌人自动前来就歼，是因为用小利引诱他。能让敌人无法到达他的预定地域，是因为设法阻挠他。所以敌人如在从容休整，就要设法让他疲弊。敌人粮饷供应充足，就要设法让他饥饿匮乏。敌人守备稳固，就要设法调动它。

原文

出其所不趋①，趋其所不意②。行千里而不劳者，行于无人之地也③。攻而必取者，攻其所不守也④；守而必固者，守其所不攻也⑤。故善攻者，敌不知其所守；善守者，敌不知其所攻⑥。微乎微乎，至于无形⑦；神乎神乎，至于无声⑧，故能为敌之司命⑨。

注释

①出其所不趋：趋，奔赴，此指进军。汉简本作『出于其所必趋也』，《太平御览》作『出其所必趋』。此句谓进军要指向敌人不及救援的地方。②趋其所不意：与上句意相近，谓进攻敌人意料不到的地方。③行千里而不劳者，行于无人之地也：无人之地，指敌人没有防备的地方。汉简本『不劳』作『不畏』，『无人之地』前无『于』字。④攻而必取者，攻其所不守也：进攻而必定取得胜利，是由于进攻的是敌人防守不严的地方。⑤守而必固者，守其所不攻也：汉简本作『守而必固，守其所必攻也』。防守而必定使阵地稳固，是由于防守在敌人无法攻取的地方。⑥故善攻者，敌不知其所守。善守者，敌不知其所攻：汉简本二句皆无『其』字。⑦微乎微乎，至于无形：微，微妙。⑧神

乎神乎，至于无声：神，神奇。⑨故能为敌之司命：司命，星官名。《周礼·春官大宗伯》有：『文昌司命』。《楚辞·九歌》中有少司命。此处指命运的主宰。

译文

要出兵向敌人无法救援的地方，进攻敌人预料不到的地方。千里行军而不疲劳，是因为行进在敌人没有防备的地区。进攻而必定取得胜利，是因为攻击的是敌人未加防守的地方。防守而必定使阵地稳固，是因为防守的是敌人无法攻破的地方。所以善于进攻的人，让敌人不知道如何防守。善于防守的人，让敌人不知道如何进攻。微妙啊微妙，以至于使人看不出任何形迹。神奇啊神奇，以至于使人听不到一点声息。所以能够主宰敌人的命运。

原文

进而不可御者，冲其虚也①；退而不可追者，速而不可及也②。故我欲战，敌虽高垒深沟，不得不与我战者，攻其所必救③也；我不欲战，画地而守之，敌不得与我战者，乖其所之④也。

注释

①进而不可御者，冲其虚也：御、抵御、抗衡。冲，进击、攻击。虚，空虚懈怠。②退而不可追者，速而不可及也：汉简本『追』作『止』。《太平御览》『速』作『远』。及，追上。③攻其所必救：攻击敌人必定要救援的地方。④乖其所之：乖，违背。这里有改变、有意诱导之意。

译文

进攻时使敌人无法抵御的，是因为攻击了敌人虚弱懈怠的地方；退却时使敌人无法追击的，是由于行动神速而使敌人来不及追赶。如果我们要交战，敌人虽然有高垒深沟也不得不出来应战，是因为我军攻击的是敌人所必定要救援的要害；我们不打算交战时，虽然是画地防守，敌人也不能前来交战，是因为我们引导敌人改变了进攻的方向。

原文

故形人而我无形①，则我专而敌分②。我专为一，敌分为十，是以十攻其一也③，则我众而敌寡；能以众击寡者，则吾之所与战者约矣④。吾所与战之地不可知⑤，不可知，则敌所备者多⑥，敌所备者多，则吾所与战者寡矣。故备前则后寡，备后则前寡；备左则右寡，备右则左寡；无所不备，则无所不寡⑦。寡者，备人者也⑧；众者，使人备己者也⑨。

注释

①形人而我无形：形，此处为动词，使之暴露，显露。形人，使敌人暴露其兵力部署等情况。我无形，此『形』字为名词，即我军不显露形迹。②我专而敌分：专，集中。分，分散。③是以十攻其一也：汉简本作『以十击一』。④吾之所与战者约矣：约，少，寡。⑤吾所与战之地不可知：指行动秘密，我军计划与敌人交战之地使敌人无法预知。⑥不可知，则敌所备者多：敌人既然无法了解战况，只好处处防备。⑦无所不备，则无所不寡：汉简本及《太

平御览》作『无不备者，无不寡』。⑧寡者，备人者也：兵力薄弱，是由于分散力量多处设防。⑨众者，使人备己者也：兵力强大，是由于敌人处处防备，而我军兵力集中。

译文

我们要察明敌人的情况而自身不显露形迹，这样我们就可以集中兵力而敌人却不得不分散兵力。我军的兵力集中在一处，而敌人的兵力分散在十处，那么我军就能以十倍的兵力去进攻敌人，以造成我众而敌寡的优势。能够集中优势兵力进攻少数敌人，这样与我们作战的敌人力量就相对小了。我军所要进攻的地方敌人无从知道，既然无从知道，那么敌人所要防备的地方就很多；敌人防备的地方多，与我们交战的兵力就必然会少。所以防备了前面，后面的兵力就会薄弱；防备了后面，前面的兵力就会薄弱；防备了左面，右面的兵力就会薄弱；防备了右面，左面的兵力就会薄弱。到处防备就会到处兵力薄弱。之所以兵力薄弱，是由于到处分兵设防；之所以兵力集中，是由于迫使敌人处处设防。

原文

故知战之地，知战之日，则可千里而会战①；不知战地，不知战日，则左不能救右，右不能救左，前不能救后，后不能救前，而况远者数十里，近者数里乎？以吾度之②，越人之兵虽多③，亦奚益于胜败哉④？故曰：胜可为也⑤。敌虽众，可使无斗⑥。

注释

①知战之地，知战之日，则可千里而会战：竹简本无『会』字。②以吾度之：度，推测、判断。③越人之兵虽多：春秋时代，吴国与越国之间互为敌国，长年攻战。孙武为吴王阖闾论兵法，所以这里以越国军队作为敌方举例。④奚益于胜败哉：奚，何。益，帮助、助益。汉简本无『败』字。⑤胜可为也：《太平御览》作『胜可知而不可为也』。此言胜利是可以争取的。⑥敌虽众，可使无斗：汉简本作『敌唯众，可毋斫也』。

译文

因此，如果了解作战地点的地形，知道作战的时间，那么就是远出千里也可以去与敌人交战。不了解作战地点的地形，不知道作战的时间，就将使左翼无法救援右翼，右翼无法救援左翼，前军无法救援后军，后军无法救援前军，更何况要在远至数十里近至数里的距离内互相救援呢？根据我的分析，越国的军队虽然多，但对战争的胜败又有什么帮助呢？所以说，胜利是可以经过努力来争取的。敌人虽多，却能使它无法与我军较量。

原文

故策之而知得失之计①，作之而知动静之理②，形之而知死生之地③，角之而知有余不足之处④。故形兵之极，至于无形⑤；无形，则深间不能窥，智者不能谋⑥。因形而错胜于众⑦，众不能知；人皆知我所以胜之形⑧，而莫知吾所以制胜之形⑨。故其战胜不复⑩，而应形于无穷⑪。

注释

①策之而知得失之计：策，筹算。得失之计，作战计划的得失利害。②作之而知动静之理：作，此处指诱使，挑动。动静之理，行动的规律。有意挑动敌人，以了解敌人的行动规律。③形之而知死生之地：形，此处指以假象示敌。死生之地，指敌人所处地形的优势和短处。④角之而知有余不足之处：角，较量，此处指试探性的进攻。以试探性的进攻来察明敌人的虚实强弱。⑤故形兵之极，至于无形：形兵，军队部署时有意表现的假象。无形，略无形迹。⑥深间不能窥，智者不能谋：深间，隐藏很深的间谍。窥，窥测，刺探。智者，此处指有计谋的敌人。谋，谋划。汉简本作『知者弗能谋也』。⑦因形而错胜于众：因形，凭借敌情变化而应变。错，通『措』，放置。错胜于众，胜利摆在人们面前。⑧人皆知我所以胜之形：形，形态。此处指作战的方式方法。人们都看到了我军取得胜利的情况。⑨而莫知吾所以制胜之形：制胜之形，取得胜利的原因。人们并不知道我军之所以获胜的原因。⑩战胜不复：取胜的方法每次都不重复。⑪应形于无穷：应形，适应敌情，根据敌情。

译文

所以要认真分析判断，来了解敌人作战计划的优劣得失，挑动敌人来了解敌人的活动规律。通过佯动示形，以掌握敌人地形的有利及不利。通过试探性的进攻，以探明敌人兵力的虚实强弱。因此，示形以诱敌的方法如运用到最高境界，就会让人看不出一点形迹。既然看不出形迹，就是有深藏的间谍也窥探不出虚实，深于谋略的敌人也无计可施。将根据敌情变化而灵活运用战法取得的胜利摆在人们面前，人们也无法领略其中的奥妙。人们都知道我取胜的一般办法，但是不知道我是怎样根据敌情变化灵活运用这些办法以取胜的。所以，每次战胜，都不是重复老一套，而是根据敌情的发展，而变化无穷。

原文

夫兵形象水①，水之形，避高而趋下；兵之形，避实而击虚②。水因地而制流，兵因敌而制胜③。故兵无常势，水无常形④；能因敌变化而取胜者，谓之神⑤。故五行无常胜⑥，四时无常位⑦，日有短长，月有死生⑧。

注释

①兵形象水：兵形，用兵作战的规律。②兵之形，避实而击虚：用兵的规律是避开敌人坚实的地方，而攻击敌人虚弱的地方。③水因地而制流，兵因敌而制胜：水因受地形高下的制约而决定流向，用兵则根据敌情的不同来决定取胜的方法。④兵无常势，水无常形：用兵没有固定不变的程式，就像水流没有固定不变的形态一样。汉简本作『兵无成（势），无恒形（形）』。⑤能因敌变化而取胜者，谓之神：能根据敌情变化运用谋略而取得胜利者，可称作用兵如神。神，神妙，智谋高超。⑥五行无常胜：五行，指金、木、水、火、土，古代认为它们是构成万物的基本要素。五行之间有相生与相克两种关系。所谓相生，顺序为：『木生火，火生土，土生金，金生水，水生木。』相克亦称相胜，顺序为：『水胜火，火胜金，金胜木，木胜土，土胜水。』无常胜，就是说五行中没有一种是固定独胜的。⑦四

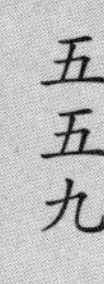

时无常位：四时，春、夏、秋、冬四季。无常位，四时依次更替，循环往复永无止息，都没有固定不变的位置。⑧日有短长，月有死生：白昼的时间随季节变化而有短有长，月亮随循环往复而有盈有亏。

译文

用兵的规律好像流水，水流动的规律是避开高处而流向低处；而用兵的规律是避开敌人坚实的地方而攻击其虚弱之处。水因地形的高低而制约其流向，用兵则根据敌情而制定不同的取胜方针。所以，用兵作战没有固定不变的方式，就像水的流动没有固定的形态一样。能够依据敌情变化而克敌制胜的，就称作用兵如神。所以用兵也像自然规律一样，五行相生相克没有固定的常胜，四季依次交替没有不变的位置，白天有长有短，月亮有圆有缺。

经典事例

幽王燃烽火祸国

周幽王只知吃喝玩乐，不管国家大事。对美人褒姒，十分宠爱，可是，褒姒自从进宫，没有开过一次笑脸。幽王想尽办法让她笑，但总是笑不出来。幽王特地出了赏格：有谁能让褒姒娘娘一笑，重重有赏。

虢石父想了一个办法。

原来，周朝为防备西戎的进攻在骊山一带建造了二十座烽火台，每隔几里地一座。万一西戎打过来，第一座烽火台立即将烽火燃烧起来；第二座烽火台见了，也将烽火燃起来。一个接着一个，附近的诸侯见了，便立即发兵来救。

虢石父对周幽王说：『现在天下太平，烽火台长久没有使用了。大王将娘娘带到骊山上，晚上咱们将烽火都点燃起来，让附近诸侯见了赶来。娘娘见了那场面，包管会笑起来。』

周幽王拍着手说：『好极了。』于是带着褒姒上了骊山，晚上烽火台都燃起火来，火光冲天，附近诸侯以为是西戎打来了，都急忙带领兵马来救。没想到赶到之后，连一个西戎兵影子也没有，只听到骊山上乐声阵阵，歌声婉转，各诸侯都愣了。

周幽王派人告诉诸侯，这里没有什么事，只不过王妃想看看烽火而已，你们回去吧！

诸侯知道上了当，一个个气得肺都要炸了。褒姒见满天火光，火光中兵马驰骋，不知闹出什么事，幽王一五一十地告诉了她。褒姒真的笑了起来，撒娇地说：『亏你想得出这玩意儿。』幽王见褒姒开了笑脸，高兴得不得了，不仅重赏了虢石父，还将王后和太子废了，立褒姒为王后，褒姒的儿子伯服为太子。

王后的父亲得到这个消息，就联合西戎进攻镐京。

幽王得知西戎进攻，惊慌失措，连忙叫虢石父将烽火台点起来。烽火倒是燃起来了，可是诸侯们却一个也不见来。因前次上当，这次都不理会了。周幽王左等右等，就是没有一个救兵到来。驻守镐京的兵马，寡不敌众，西戎人马像潮水涌进城来，杀了周幽王，抢走了褒姒。周朝多年聚集的财宝被抢劫一空。

中原诸侯后来得知西戎进了镐京，才带兵前来打退了西戎军，见幽王已死，便立了原来的太子，就是周平王。等

到诸侯军一走，西戎军又打过来了。于是，公元前770年周平王将京城东迁洛邑（今洛阳），史称东周。

荀吴步战胜戎狄

我国古代用战车作战，据史书记载，中国战争史上中原各国从车战转向步战，是从晋荀吴伐戎狄后开始的。

春秋时期，太原（今山西太原及附近一带）是戎狄人集居的地区，他们经常侵扰晋国的北部地区。晋平公十七年，荀吴奉晋侯之命，率千乘战车，浩浩荡荡讨伐戎狄。可部队一开进戎狄境地，就吃尽了苦头：那里沟壑纵横交错，道路崎岖，众多的战车和士兵拥挤在窄窄的山道上，拥拥挤挤，稍不留神，战车就会翻进山沟。戎狄士兵不时乘机冲出来袭击，他们地形熟悉，凶猛强悍，越沟跨涧，如履平地，来得快，去得也快，转眼之间，就跑得无影无踪，晋军只有被动挨打的份儿。

眼见队伍日渐混乱，人心惶惶，荀吴忧心如焚。

大将魏舒建议说：『这鬼地方，四十名士兵跟一辆战车反而绊手绊脚，不如每车只用十名，定能取胜。』

荀吴应允，并交由魏舒去办理。魏舒带着新组建的战车同戎狄人交战，果然胜了。

正当晋军高兴之时，情况又发生了变化，戎狄人战败后，退守山林，兵车干脆进不去，无法追击。

魏舒又建议说：『将军，我们也丢弃兵车，重新更制编伍，跟戎狄人一样，徒步作战算了！』

荀吴觉得有道理，于是，魏舒就开始着手改编部队。没想到他自己的车兵却闹起事来，他们不愿意和步兵同列，

魏舒当场杀了那个闹事者，余者肃然听命。

魏舒把车兵和步兵混编在一起，五人一伍，作为战斗的最小组织。又把伍编成能互相配合应援的军阵：作战之时，前面布两伍，后面布五伍，右面一伍，左面三伍，形成后强前弱中间空的方阵。他还挑选出十伍机警的士兵组成突击队，互相支援。

魏舒带着这支新编组的队伍向深山密林中进发。躲在林中的戎狄人见晋兵一反常态，无车无马，部队零星分散，不由得哈哈大笑，他们也没布阵就大大乎乎地冲过来，两军相接，晋兵假装败退，戎狄兵满不在乎地追过来。一声鼓响，晋军从三面掩杀过来，把他们分割包围，戎狄顿时乱作一团，慌忙转身逃命。不料，归路早被布置在阵前的士兵切断，待往左右溃逃时，晋军的左右诸伍截住厮杀，死者无数，所剩的戎狄部族只好投降。接着晋军又用相同的阵法取得了一个又一个的胜利。

贪小利兵败国破

公元前700年，楚武王发兵攻打绞国（今湖北省郧县西北），包围了绞城。

绞国守城将士采取坚守城池、闭门不战的政策，不管城外楚兵怎样辱骂，绞城始终没有杀出一兵一卒。楚军向绞城发起猛攻，守军勇猛抵抗，楚兵每次攻到城边，都被雨点般的箭射得退了回来。

绞城久攻不下，楚王心中烦闷，独自在帐中喝闷酒，莫敖（楚国官名）屈瑕求见，说有诱敌出城之计，楚王喜出

望外，立命左右退下，与屈瑕商议起来。

第二天，有一批楚国樵夫绕过绞城到北面山上砍柴，他们早晨上山，下午三三两两地挑着柴回去，又无军卒护送，绞城守将很是惊奇，报告国君。国君对守城将士们说：『这是楚军的计策，想引诱我们出城，千万不可轻举妄动。』

绞城被困已久，柴草缺乏，只得拆屋煮饭。而一连数日以来，楚国樵夫依旧是成批上山砍柴，陆续担柴回营。绞国国君此时也相信楚军上山打柴是为久战之计，遂暗令兵士悄悄打开城门抓人抢柴。一会儿功夫，绞军就抓回了好几十人，抢了一批柴。

又过了一天，楚国的樵夫依旧上山打柴，绞国兵士第一天已获利，此刻不等守城将领发令，就争着开城抓人。早已埋伏在北门外的楚军忽然擂响战鼓，猛冲过来，绞兵慌忙转身夺路回城，但早被楚兵截断归路，绞兵伤亡惨重，还被楚国抓住了许多。

绞国本来弱小，遭此重创，实难再守，只得在城下签定了屈辱的和约，沦为楚国的附庸。

刘邦三夺韩信权

汉高祖刘邦曾经和韩信在一起议论开国诸将的优劣，韩信自恃功高能谋，对诸将不足横加批评，竟没有一人能称为良将的。在这种情况下，刘邦有些不快，便问到：『如我能将几何？』韩信也不观察刘邦的表情如何，此问是何目的，张口便说：『陛下不过能将十万。』刘邦已有些不快，便问：『于君如何？』韩信不加思索地答道：『臣多多而益善耳。』听此，刘邦不由轻蔑一笑说：『多多益善，何为为我禽？』韩信见刘邦直戳自己的短处，不无难堪地说：『陛下不能将兵，而善将将，此乃信之所以为陛下禽也。且陛下所谓天授，非人力也。』这是《史记·淮阴侯列传》所载的一段精彩对白。从这段对白中，人们可以看出刘邦和韩信各自的短长，以及在复杂的政治和人际关系下的态度。刘邦所说的『何为为我禽』，是刘邦曾三次将韩信的兵权夺回，使之失去权力而在刘邦的严格控制之下。三擒韩信，乃至最后杀掉韩信。

第一次，单身称汉使，驰营夺兵权。

公元前206年，刘邦拜韩信为大将，明修栈道，暗度陈仓，进入中原，与项羽争天下。项羽英勇善战，刘邦屡战屡败。这时派韩信去攻魏，木罂渡水，平定魏地。刘邦又派韩信和张耳，北举燕、赵，东击齐，南绝楚粮道。韩信先破代国，转攻赵国，又背水一战，大破赵军。然后问计于赵国的广武君李左车。李左车说：『今将军涉西河，虏魏王，擒夏说；东下进径，不终朝而破赵二十万众，诛成安君（附余）；名闻海内，威震天下，农夫莫不辍耕释耒，褕衣甘食，倾耳以待命者，此将军之所长也。』让韩信镇抚赵地，以所长逼燕、齐，使他们望风而服。韩信请示刘邦，立张耳为赵王，镇抚赵国。刘邦同意，并以韩信为赵丞相，共镇赵地。

韩信攻打魏、赵，屡战屡胜；刘邦在荥阳与项羽对垒，屡战屡败。韩信休兵于赵，虽有楚兵袭击，终不为大患，故兵马强壮；刘邦与项羽苦战，损失惨重，虽有萧何频发关内民人助军，终感兵力捉襟见肘，急需补充兵力。当时虽两雄相争，各诸侯拥兵自保，汉强则归汉，楚强则归楚，没有强大的实力，是不可能向他们征调军队的。韩信虽归刘邦节制，但现在也是独占一方的强者，强行征发他的军队，很可能促使他反叛。

在刘邦为缺军发愁，项羽发起强攻，刘邦仅得与数十骑逃出荥阳。刘邦本想回关中收兵再战，听辕生的劝说，先向南收英布之兵，将项羽的注意力引向南方，然后又回荥阳。项羽寻战不舍，破荥阳，攻成皋。刘邦不敌，于成皋单身与滕公逃出。此时刘邦成为光杆大王，身边没有一兵一卒。思前想后，何处才能弄到军队呢？刘邦想到韩信的军队。便与滕公北渡黄河，直向韩信、张耳的赵军军垒赶来。离军垒不远，暂时住下，在清晨时，自称汉使，驰入赵壁。这时韩信、张耳尚在睡觉，刘邦直入他们的卧室，夺得他们的军符印信，调遣起军队来。等韩信、张耳起床，军权已失，不得不前来请安。刘邦借机将他们打发回赵国，让张耳留守赵国，韩信带赵的余兵去攻打齐国。

刘邦此次以韩信不备，夺得兵权，可谓老谋深算。他身在成皋，离韩信军营尚远，此为声东；清晨至营，诈称汉使，守门军士不会因此等事叫醒主帅，此亦声东；入则即夺兵符印信，迅速调兵遣将，掌握主动权，乃是击西。声东示之不攻，击西乃是必攻，此即是刘邦高于韩信之处。

第二次，凯歌声未住，奔袭再夺军。

韩信受命率赵余军去攻打齐国，将至平原时，就听说郦食其游说下齐国，韩信欲止攻。这时，范阳辩士蒯通劝说韩信：『郦生一士，伏轼掉三寸之舌，下齐70余城，将军将数万众，岁余乃下赵五十余城，为将数岁，反不如一竖儒之功乎！』韩信乃袭击齐国历下军，直抵齐国都城临淄。齐王田广乃烹郦食其，败走高密，向楚求救。项羽派大将龙且来援齐，被韩信乘其半渡而破之，杀龙且，收楚卒，兵势大盛，乘势平定齐国。

韩信自以为功高，乃向刘邦请示，立他为假齐王。当时刘邦正被楚军困于荥阳，见到韩信的书信，不由大怒，骂道：『吾困于此，旦暮望若来佐我，乃欲自立为王！』这时张良和陈平正在刘邦身边，急忙蹑其足，又耳语说：『汉方不利，宁能禁信之王乎？不如因而立，善遇之，使自为守。不然，变生。』刘邦乃变脸复骂道：『大丈夫定诸侯，即为真王耳，何以假为！』乃派张良带印信立韩信为齐王，并征发其兵击楚。

此时韩信拥有重兵，独占山东之地，不独刘邦怕他，项羽也很怕他，便派武涉前来游说韩信。以『当今二王之事，权在足下。足下右投则汉王胜，左投则项王胜。项王今日亡，则次取足下。足下与项王有故，何不反汉与楚联合，三公天下王之？』既有利诱，又有威胁。然韩信以刘邦待他优厚，不肯背叛。齐人蒯通知天下形势全在韩信的向背，也前来游说韩信。『韩信犹豫不忍背汉，又自以为功多，汉终不夺我齐，遂谢蒯通。』

韩信虽不忍背叛刘邦，但对刘邦还是有所防备，不肯轻易率军出齐地。公元前202年，刘邦追击项羽至固陵（今河南固始县），韩信的齐军，彭越的魏军，观望不前，项羽反击，大破汉军，刘邦只有坚壁自守。二人不来，难以胜楚，刘邦很是忧虑。这时，张良献计，以破楚所得之地和王号诱二人前来会师，大败楚军，将项羽困在垓下。项羽兵败，自刎乌江，楚地悉定。战胜项羽，全军都沉浸在欢乐之中，韩信也只等加封益地。孰料，刘邦借回师之际，驰入韩信军中，将其军权夺下。失去指挥权的韩信，只好随刘邦前去，刘邦以其有功，也不便处置，便将他改封楚王。

刘邦以王号和封地诱韩信离开齐地，此为声东；再以战胜还师为名，取道韩信军营，仍是声东；然后趁机急驰入韩信营垒，夺韩信兵权，此乃击西。韩信能将兵打仗，却不料刘邦在算计自己，此是韩信不如刘邦之处。然韩信两次被夺军权而不防，主要是居功自得，再加之刘邦常诱之以利。居功贪利，此是韩信之短也。

第三次，游云楚假道入楚，会诸侯智擒韩信。

韩信来到封地楚国，率先报自己少年在此地生活时的恩怨，然后准备享受其为王的快乐。孰料安枕生活难继，而奇祸常常不期而来。

项羽手下有几员能征善战的名将，即钟离昧、龙且、周殷等，因陈平施离间计，这些忠于他的将领遭到项羽的猜忌，也不听信他们的建议。项羽死后，名将只剩下钟离昧，刘邦岂能容他在世？钟离昧原与韩信有交情，兵败无处安身，便来投靠韩信，韩信自然收留。不料，钟离昧到楚之事为刘邦所闻，即下诏给韩信，让他将钟离昧捕往京师，韩信与其为友，自然举棋难定。一个无赖少年，现在荣归故里，自然得意非凡，巡行所属县邑，陈兵护卫，以壮声威，这也是常情。也正因此两件事，便有人告他谋反。刘邦听到此信，旧恨新怨涌上心头，便与诸将商议对策。诸将皆

曰：『亟发兵，坑竖子耳！』刘邦也深知用兵打仗，诸将和他都不是韩信的对手，所以默然不应。

国难思良将，有事求谋臣。刘邦与诸将商议不出结果，便去找『一生好用阴谋』的陈平商议。陈平献计云：『古者天子有巡狩，会诸侯。陛下第出，伪游云梦会诸侯于陈。陈，楚之西界；信闻天子以好出游，其势必无事而郊迎谒；谒而陛下擒之，此特一力士之事耳！』刘邦听从其计，便照计行事。

有人告反，韩信也有所闻，其疑惧之间，刘邦已到其国界边，按道理他必须前往迎侯。如果刘邦以大兵压境，韩信必然以兵相迎。现在刘邦游玩，带兵不多，韩信的疑惧也就去除，但终究还是有所心虚。正在这时，有人劝说韩信，杀掉钟离昧，再去见刘邦，一定无事。韩信便把钟离昧叫来，将此意告诉他。钟离昧听到此意，非常恼怒地说：『汉所以不击取楚，以昧在公所，若欲捕我以自媚于汉，吾今日死，公亦随手亡矣！』乃骂韩信道：『公非长者！』便拔剑自杀。正因为钟离昧死得冤枉，才为后人怜悯，乃至说他仙去，成为后来传说的八仙之一。

韩信拿着钟离昧的首级，心安理得地去见刘邦，不想武士出来，将其五花捆绑，放在刘邦的后车，急忙驰往雒阳。在路上，韩信对刘邦说：『果若人言，「狡兔死，走狗烹；高鸟尽，良弓藏；敌国破，谋臣亡。」天下已定，我固当烹！』这种怨恨追悔，使刘邦无言以对，不无难堪地说：『人告公反。』将韩信载至雒阳，然后赦韩信之罪，改为淮阴侯，留在京城，使他从此失去指挥军队的权力。

刘邦此次擒韩信，采用的仍是声东击西。声言游云梦，此是声东；不带重兵，轻车简从，使韩信不疑，此是声

东；韩信来到，急忙捆载而去，使韩信远离他的势力，失去反抗能力，击西成功，但仍有防备，此为善于用声东击西之计，故获胜而无咎。

第四次，成也萧何，败也萧何，吕后斩韩信。

韩信昔日带兵纵横，随从前拥后呼的一方国主，现在寄居长安，与远不如己的群臣为伍，心怏怏而怨望，悔恨之心常在，又不会掩饰，必然招祸。

公元前196年，代相陈豨反叛，刘邦亲自率军往征，韩信正在病中，不能随征，留在第安。据史载，韩信准备与陈　里应外和。『诺与家臣夜诈诏赦诸官徒奴，欲发以袭吕后、太子；部署已定，待豨报。其余人得罪于信，信囚，欲杀之。舍人弟上变，告信欲反状于吕后。』此事真假，颇值得怀疑，但韩信怨望，应是存在的。吕后知韩信欲反，急与丞相萧何谋议。

想当初，韩信在刘邦处不得意，乃弃职逃走，萧何惜韩信是个人才，来不及禀告刘邦，便去追赶，乃至有人告诉萧何逃亡。经萧何的推荐，韩信得为重用，得以建立不世之功。现在韩信谋反，萧何不得不为主人出谋。

萧何闻变，即令人诈从刘邦处来，传言陈豨已被刘邦擒获而斩杀。这样大的捷报，韩廷文武及诸侯应该到皇宫祝贺。此时韩信正在病中，原本可以请病不来。这时，萧何便对韩信说：『虽疾，强入贺。』萧何是韩信的恩人，他的话当然使韩信不疑。于是，韩信也来宫中祝贺，被吕后派武士将韩信抓获，密而不宣地斩在宫中。利刃加颈，韩信想起当初在齐国为王之时，不听蒯通所言，三分天下，鼎足而居。时至不行，反受其殃等劝说，长叹道：『吾悔不用蒯通之计，乃为儿女子所诈，岂非天哉！』

纵观三擒一斩韩信的经过，可以看出，刘邦和他的谋臣，每次都是经过深思熟虑而后行的。刘邦和他的谋臣，利用韩信居功，自以为不会对他下手，在政治上优柔寡断的弱点，示之以不攻，造成声东的声势，使其不防，再以突发的形式，趁其优柔寡断之时，以出其意料的方式直捣其虚，故屡用屡奏其效，可谓老谋深算。

卷七　军争篇

原文

孙子曰：凡用兵之法，将受命于君①，合军聚众②，交和而舍③，莫难于军争④。军争之难者，以迂为直，以患为利⑤。故迂其途而诱之以利⑥，后人发，先人至⑦，此知迂直之计者也⑧。

注释

①将受命于君：主将接受国君的命令。②合军聚众：召集民众，组织军队。③交和而舍：两军营垒对峙。交，两军相对。和，古时军门称『和门』。舍，舍营，驻扎。张预注：『军门为和门。言与敌对垒而舍，其门相交对也。』④莫难于军争：最难的是两军争夺制胜的条件。⑤军争之难者，以迂为直，以患为利：争夺制胜条件的难点，在于通过看似迂远曲折的途径以达到近便直接的目的，把不利变为有利。⑥故迂其途而诱之以利：故意绕道迂回，并以小利引诱敌人。⑦后人发，先人至：后，先，均用作动词。虽比敌人后出动，却能先到达战略要地。⑧此知迂直之计者也：这是掌握以迂为直之计谋的人。

译文

孙武说：『凡是用兵的法则，将帅接受国君之命，从组织民众编制军队到开赴前线与敌军对阵，最难的莫过于与敌人争夺制胜条件。争夺制胜条件中的难点，又在于通过迂远曲折的途径达到近直的目的，把困难转化为有利。所以

要有意绕道迂回，并以小利引诱敌人，这样就能做到比敌人后出动而先到达所要争夺的要地。这就是懂得了以迂为直的计谋。

原文

故军争为利，军争为危①。举军而争利则不及②，委军而争利则辎重捐③。是故卷甲而趋④，日夜不处，倍道兼行⑤，百里而争利，则擒三将军⑥，劲者先，疲者后，其法十一而至⑦；五十里而争利，则蹶上将军，其法半至⑧；三十里而争利，则三分之二至⑨。是故军无辎重则亡，无粮食则亡，无委积则亡⑩。

注释

①军争为利，军争为危：军争既有其有利的一面，也有其危险的一面。②举军而争利则不及：全军带着装备辎重去争利，就会无法及时赶到预定地点。举军，全军连同装备辎重。③委军而争利则辎重捐：如丢弃笨重的装备器械轻装前进，辎重物资就将遭到损失。委，丢弃。辎重，随军运载的军用器械、粮秣、服装等。捐，损失。④是故卷甲而趋：因此收起铠甲轻装行进。⑤日夜不处，倍道兼行：昼夜兼程，不停顿地以加倍的速度连续行军。处，停止，休息。倍道，加倍的速度。兼行，昼夜兼程。⑥则擒三将军：那么三军的主将可能被俘，意即全军覆没。三将军，三军将帅。春秋时大国一般有三军。晋设中军、上军、下军。楚设中军、左军、右军。⑦劲者先，疲者后，其法十一而至：人马强壮的先到，疲弱的落后掉队，这样做只有十分之一的兵力能够赶到。十一，十分之一。⑧五十里而争利，

则蹶上将军，其法半至：如奔趋五十里去争利，则先头部队的将领会受挫败，这样做只有半数兵力可以到达。蹶，挫败，损折。上将军，前军将领。⑨三十里而争利，则三分之二至：如奔趋三十里去争利，则能有三分之二的兵力能够到达。⑩是故军无辎重则亡，无粮食则亡，无委积则亡：因此，军队如果没有辎重装备，没有粮草，没有物资储备，就无法生存。

译文

军争有有利的方面，但也有危险的方面。如果全军带着所有辎重去争利，就不能按时到达预定的地域；如果丢下辎重去争利，辎重就会损失。因此卷甲急进，昼夜兼程，走百里之遥去争利，三军的将领就可能要被俘获，身强体壮的士卒先赶到，疲弱的落后掉队，结果可能只有十分之一的人马到达。从五十里远的地方赶去争利，前军的将领就会损折，结果只有半数兵力到达。从三十里远的地方赶去争利，可能有三分之二的人马到达。所以，军队没有辎重就无法生存，没有粮饷就无法生存，没有物资储备就无法生存。

原文

故不知诸侯之谋者，不能豫交①；不知山林、险阻、沮泽之形者，不能行军②；不用乡导③者，不能得地利。故兵以诈立④，以利动⑤，以分合为变⑥者也。故其疾如风⑦，其徐如林⑧，侵掠如火⑨，不动如山⑩，难知如阴⑪，动如雷震⑫。掠乡分众⑬，廓地分利⑭，悬权而动⑮。先知迂直之计者胜⑯，此军争之法也⑰。

注释

①不知诸侯之谋者，不能豫交：如果不了解诸侯列国的战略谋划的，就不能与之结交。豫交，与诸侯结交。②不知山林、险阻、沮泽之形者，不能行军：不了解山林等地形情况，就无法行军。沮泽，水草丛生的沼泽地带。③乡导：即向导，熟悉地形为军队带路的人。④兵以诈立：用兵作战以多变、诡诈而用奇的办法取胜。立，此处指成功、取胜。⑤以利动：用兵以是否有利来采取适当行动。⑥以分合为变：作战时应根据情况变化，以兵力的分散或集中来变换战术。分，分散兵力。合，集中兵力。⑦其疾如风：军队行动迅速时，如疾风一般。疾，快速。⑧其徐如林：军队行动舒缓时，如森然不乱之林木。徐，舒缓。⑨侵掠如火：向敌军发起攻击时如同燎原烈火，猛不可当。侵掠，此处指进攻、袭击。⑩不动如山：部队驻军防守时像山岳一样不可动摇。⑪难知如阴：我军的作战意图等使敌人莫测高深，就像阴云蔽天难辨日月星辰。⑫动如雷震：军队行动时如迅雷闪电，使敌人不知所避。《太平御览》、《通典》皆作『动如雷霆』。⑬掠乡分众：分兵多路以掠取敌国乡邑的粮秣、资财。《太平御览》作『指乡分众』。⑭廓地分利：开拓疆土，分别利害轻重而据守。廓，原为扩。因南宋避宁宗赵扩讳，改为廓。⑮悬权而动：权衡敌我形势之利弊得失来决定如何采取行动。权，秤锤。悬权，把秤锤挂在秤杆上，比喻衡量利害关系。⑯先知迂直之计者胜：懂得以迂为直之计谋的将领可以取胜。⑰军争之法：军争中争胜的法则。

译文

因此，不了解各诸侯国的战略意图，就不能与其结交；不熟悉山林、险阻、沼泽等地形，就不能行军；不使用向导，就不能得地利。所以说用兵作战要靠奇诡多变来争取胜利，根据是否有利来决定行动，随情况的变化而分散或集中使用兵力。这样，军队行动迅速时如疾风忽至，行动舒缓时如森林一样严整，攻击敌人时如燎原之烈火，驻守防御时如巍然之山岳。隐蔽时如阴云密布不辨星辰日月，冲锋陷阵时如雷霆万钧。掠取敌国的乡邑要分兵数路，拓展疆土要分兵据守，要慎重权衡得失利弊，然后相机而动。谁先懂得以迂为直之计谋的就可以取胜，这就是军争的法则。

原文

《军政》[①]曰：『言不相闻，故为金鼓[②]；视不相见，故为旌旗[③]。』夫金鼓、旌旗者，所以一人之耳目[④]也。人既专一，则勇者不得独进，怯者不得独退，此用众之法[⑤]也。故夜战多火鼓，昼战多旌旗[⑥]，所以变人耳目[⑦]也。

注释

①《军政》：上古兵书，已佚。②言不相闻，故为金鼓：战场上难以听清语言命令，所以设置锣鼓作为指挥的号令施设。金鼓，锣鼓。擂鼓进军，鸣金收兵。金鼓，汉简本作『鼓金』，《通典》作『鼓铎』。③视不相见，故为旌旗：作战时难以看见相互间的行动，所以设置旌旗作为联络指挥的信号。④所以一人之耳目：金鼓、旌旗是用来统一军队行动的。⑤用众之法：指挥人数众多的军队的办法。⑥夜战多火鼓，昼战多旌旗：夜间作战主要用火光及鼓声，

白天作战主要用旗帜来作为指挥和联络的信号。⑦变人耳目：适应士兵在夜间或白天视听感觉的不同特点。变，此处意为适应。

译文

《军政》中说：『因为语言指挥听不清，所以使用金鼓；动作指挥看不清，所以使用旌旗。』金鼓、旌旗都是用来统一军队行动的。军队上下行动既然一致，那么勇敢的将士就不能单独前进，怯懦的将士也不能单独后退。这就是指挥人数众多的军队作战的办法。因此夜间作战主要使用火光和锣鼓，白天作战主要使用旗帜，都是为了适应士卒视听特点的需要。

原文

故三军可夺气①，将军可夺心②。是故朝气锐，昼气惰，暮气归③。故善用兵者，避其锐气，击其惰归④，此治气者也⑤。以治待乱⑥，以静待哗⑦，此治心者也⑧。以近待远，以佚待劳，以饱待饥，此治力者也⑨。无邀正正之旗⑩，勿击堂堂之陈⑪，此治变者也⑫。

注释

①三军可夺气：军队的勇锐士气可以打击和挫伤。夺，此处指打击、挫伤。②将军可夺心：可以设法扰乱动摇敌将的意志和决心。③朝气锐，昼气惰，暮气归：军队初战时士气旺盛，既久则趋懈怠，最后完全低落。这里用早上的

朝气、中午的昼气、傍晚的暮气来分别形容军队初、中、后期的士气。④避其锐气，击其惰归：避开敌人的锐气，等他懈怠、低落再去攻击。⑤此治气者也：这是掌握士气规律的方法。⑥以治待乱：以我军之井然有序来对付敌人的混乱。⑦以静待哗：以镇静沉着来对付噪动嘈杂。⑧此治心者也：这是掌握将帅心理的法则。⑨此治力者也：这是掌握运用军队战斗力的法则。⑩无邀正正之旗：不要迎击部署严整、旗帜整齐的敌军。无，即勿。邀，拦击，截击。⑪勿击堂堂之陈：不要攻击阵容壮大、实力雄厚的敌人。陈，同『阵』。⑫此治变者也：这是掌握临机应变、因敌制胜的办法。

译文

可以挫伤打击三军的士气，可以动摇扰乱敌军将帅的意志决心。军队初战时士气旺盛，继而渐趋懈怠，最后疲乏衰竭。所以善于用兵的人，要避开敌人的锐气，等敌人士气松懈疲惫后再去攻击，这就是掌握军队士气的方法。以自己的严整对付敌人的混乱，以自己的镇静对付敌人的浮躁，这是掌握战将心理的办法。以自己的靠近战场来对付敌人的长途跋涉，以自己的安逸休整来对付敌人的奔走疲劳，以自己的粮饷足备来对付敌人的粮缺人饥，这是掌握军队战斗力的办法。不要迎击部署周密旗帜严整的敌人，不要攻击阵容整肃实力雄厚的敌人，这是掌握机动应变的原则。

原文

故用兵之法：高陵勿向①，背丘勿逆②，佯北勿从③，锐卒勿攻④，饵兵勿食⑤，归师勿遏⑥，围师必阙⑦，穷寇勿迫⑧，此用兵之法也。

注释

①高陵勿向：不要进攻已经占据高地的敌军。陵，山地。向，此处指仰攻。②背丘勿逆：不要正面进攻背靠丘陵险阻地势的敌军。背，倚靠、倚托。逆，迎击。汉简本作『倍丘勿迎』。③佯北勿从：不要跟踪追击假装战败而走的敌军。这是为了防备遭敌军伏击。佯，假装。北，败逃。④锐卒勿攻：不要进攻锐气正盛的敌军。⑤饵兵勿食：不要贪图敌人故意引诱的小利。饵兵，即诱人就范的小股部队。⑥归师勿遏：不要拦截正向其本国撤退的敌军。⑦围师必阙：包围敌军作战时要留有缺口。阙，通『缺』，缺口。汉简本作『围师遗阙』。⑧穷寇勿迫：不要过分地逼迫已陷入绝境的敌人。

译文

所以，用兵的法则是：敌军如占领山地就不要仰攻，敌军如背靠高地就不可从正面攻击，敌人假装败逃不要去跟踪追击，敌军锐气正盛时不要去攻击，对敌人的饵兵不要去理睬，对撤退回国的敌军不要去截击，包围敌人要留有缺口，对陷入绝境的敌军不要过分逼迫。这都是用兵应掌握的法则。

经典事例

果断出击获战机

公元前580年，晋厉公与秦桓公签订了结盟文书，但墨迹未干，秦军就背弃誓言，向晋国发起攻击。晋厉公认为秦军无德无义，于是宣布与秦绝交，并发表了『伐秦宣言』，联宋、齐等八个盟国的军队伐秦。

战前，晋厉公与诸将和谋臣作了精密的策划，一致认为：晋国虽然能联合八个盟国出兵，但这种联合是松散、暂时的；楚国与秦国是盟友，如果不是为了对付吴国，它很可能会出兵帮助秦国。鉴于这种情况，战争应该速战速决，一次打击就应成功，否则，难免会夜长梦多。

这一年的五月，晋厉公集本国大军和盟军共12万人，直逼秦境，在泾水东岸的麻隧列下阵来，决心乘秦军东渡泾水、立足未稳之机，给秦军以毁灭性的攻击。

秦桓公见晋军逼近国境，急忙调集各路人马约7万余人匆匆东渡泾水。晋厉公见秦军陆续登岸，乱哄哄地准备布阵，正是实施打击的好时机，立即擂鼓进军，以排山倒海之势向秦军发起强攻。秦军慌忙应战，乱作一团，短兵相接，即刻大败。秦军背靠泾水，败兵争先跳入泾水逃命，溺死无数。晋军以泰山击卵之势将泾水以东的秦军全部歼灭。

战斗迅速结束——晋国的一些盟军将士尚未投入实战。

晋秦麻隧之战是春秋战争史上双方投入兵力最多而又结束战斗最快的一战。

楚军求胜先连败

有一年，楚国发生大饥荒。戎人趁机攻打楚国，庸国人率领蛮人背叛了楚国，麇国人也率领百濮人准备攻打楚国。在这众多的敌人中，最主要的是庸人。

此时，楚国有人提出把国都迁往阪高。大夫汸贾极力反对。他说：『我们能迁过去，敌人也能追过去，不如发兵攻打庸国。至于麇国和百濮，只是认为我们遭受了灾荒，不能出兵，才乘机攻打我国的。如果我们出兵，他们必然因害怕而回去。百濮人散居各地，他们必然各自逃回居住的地方，谁还有时间来攻打我国。』

楚庄王采纳了汸贾的意见，立即起兵伐庸。15天以后，麇和百濮人因惧怕楚军而撤兵回去了。

楚军伐庸一路极其艰苦，到达庐地时，携带军粮已经用尽。因此，打开地方粮仓，取出仅有的一些粮食，军官和士兵都吃着同样的饭食。

军队行进到句澨，驻扎下来后，便派大夫戢黎领兵向庸人进攻，但在方城遭到庸人的袭击，楚将子杨窗被俘。过了三天，子扬窗从庸人那里逃回来，对楚将们说道：『庸人的军队很多，又与群蛮联合，力量强大，我们不如回去会同王室军队然后再进攻。』

楚大夫师叔反对这一意见，并提出了一条制敌的计策。师叔说：『庸人容易骄傲轻敌，我军姑且继续和他们交

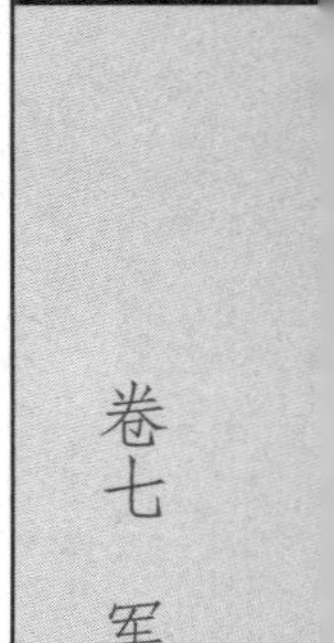

战，以便使他们产生骄傲情绪。等敌人骄傲，我军斗志高昂时，再挥师出击，就可以一战而胜。先君蚡冒就是用这种方法征服晋国陉、隰两地的。』

于是，楚军仍然用小股部队与庸人交战，接连打了七仗，楚军都伪装失败。果然，庸人不再用主力对付楚人，扬言：『楚军已不堪一击了。』并不再设防。

楚庄王接到庸人轻敌麻痹的报告后，乘着驿传车赶到临品集结军队。他将楚军分成两支：一支从石溪出发，一支从仞出发（两地都在今均县）夹击庸人。秦人和巴人的军队也同楚军联合。群蛮见楚军来势凶猛，就脱离庸人而与楚人结盟。轻敌又无准备的庸人不但陷入了孤立，而且四面受敌，楚军就一举把其灭掉了。

楚国灭庸后，解除了西部的威胁，同时把地盘扩大到与秦国接壤，从而方便了楚国与秦国的交往。庄王安定了后方，国力强盛起来，开始把注意力转向北方。

楚穆王相机伐郑

晋、楚城濮之战后，夹在晋楚之间的郑国见晋国打败了楚国，便背楚向晋，投降了晋国。因郑国是楚国进入中原的台阶，因此楚穆王知道后，又心疼又恼火，但惧于晋国的霸主地位及其军队的威势，又不敢轻举妄动。晋文公去世后，晋襄公接任不久，也去世了。晋君新立，众大臣相互争权夺利，国力日下，霸主的地位已岌岌可危。楚穆王觉得时机到了，便命令斗越椒为主帅，芮贾为副帅，率战车三百辆征郑。他又亲自率领精兵，驻扎在郑楚交界的狼渊，为征郑大军的后援，以策照应。

斗越椒和㴖贾攻入郑境，郑穆公大惊，一边派遣使者火速赶往晋国求救，一边急令公子坚、公子庞、乐耳三人为主将，领兵前往边境拒敌，并嘱咐他们坚守勿战，等待晋国救兵。

三人领命，率领大军来到边境，紧遵穆公嘱咐，固守待援，不与楚军交战。

斗越椒连日派兵挑战，郑军都按兵不动，很为恼火，与㴖贾商量道：『我军远来，宜求速战。但现在郑军不战不降，那意思大概是要等候晋军的援救。如果晋军来到，我们就被动了。不知㴖将军有何妙计破敌呢？』

㴖贾沉思片刻，说：『元帅说得是，我们得在晋军到来之前，用诱敌之计把他们引出来与我们决战，乘机把他们打败。』

斗越椒大喜：『㴖将军打算怎样把他们引出来？』

㴖贾凑近斗越椒轻声耳语一会，斗越椒连连点头，边点头边说：『好，好，就这样决定。』

稍后，斗越椒就对全军将士说：『看来郑军是想等待晋军来援，目前是不会与我们决战的；正好我军的粮食不够了，各部队迅速利用这段时间，组织将士到附近的郑人村落劫掠，自行解决。』命令一下，各队将领迫不及待地带领部下到附近村落大肆抢掠去了。斗越椒则和㴖贾留在大营内饮酒取乐，全不过问打仗的事。

很快就有人把这消息报告给在边界接应的楚穆王。楚穆王不知他们葫芦里卖的是什么药，即奇怪又心急，很想

派人告诉他们：我军远征，宜速战速决，应尽早把握战机，打败郑军。大臣范山劝阻他说：『斗元帅为人谨慎，沩将军则多智善谋，他们这样做，一定是有原因的，大王且请宽待数日，看看情况如何再作决断，说不定会有捷报传来呢！』楚穆王便不再干预此事。

再说郑军几员主将连日来不见楚军将士前来挑战，好生奇怪，便派人去侦察了解。很快就得到回报：『楚军四出抢掠粮草，两位主帅日夜在帐中饮酒取乐；而且每当饮醉酒，就骂天骂地，还骂楚王供给粮草不依时，不充足；又骂我们郑人无用，胆小如鼠，只会等待晋国援军，不敢跟他们厮杀。』

公子坚闻报大喜，说：『楚兵一定是粮草不足了。他们四出抢掠，营中肯定空虚；二位带兵的主帅日夜饮酒，军心必然松懈。如果我们趁此机会前去劫营，肯定能大获全胜！』

公子庞也说：『有道理有道理！而且还可以让楚人看看，我们郑军是不是只会等待救兵的无用之辈。』

乐耳也连声称好。于是便研究起偷袭楚营的具体计划。

公子庞说：『我们可分作前中后三队渐次前进，也好有个接应。』

公子坚反对说：『劫营不同于对阵，它是要发动突然袭击的，只可分作左右两队，同时给对方以夹击，以求一击得逞。如果分为前中后三队，后军行动缓慢会贻误战机，无法实现同时袭击的目的。』

公子庞和乐耳都认可了他的分析，即决定把队伍分为左右两队，同时并进。当晚，全军饱餐一顿，即乘夜出发。

将到楚营，见营内果然灯火通明，笙歌嘹亮。公子坚大喜：『斗越椒这次活该要吃败仗了！』即命令全军同时冲入楚营杀敌。

可是，郑军的先头部队已经杀进去了，楚营却没有一点动静。公子坚心里暗暗称奇，禁不住自己也冲了进去，只见奏乐的楚兵正四散逃走，中军帐内，只有斗越椒一人孤零零一动不动地坐在那里。他越发奇怪，走近一看，不禁失声大叫：『不好，中计，快后退——』原来这个斗越椒是稻草扎成的，却披戴着斗越椒的衣冠，远远望去，就像真人一般。

可惜郑军已来不及退却了，只听得营外炮声隆隆，震耳不绝，一员大将威风凛凛地从营外杀进来，仔细一看，正是货真价实的斗越椒！

不消片刻，郑军已全部陷入楚军的反包围中了。率先冲入楚营的公子坚左冲右突都无法逃脱，幸亏公子庞和乐耳冒死杀进来接应他，三人集中在一起，乘夜色深沉，楚军认不得他们是主将，才得以杀出一条血路，逃出了楚营。正侥幸死里逃生，慌不择路地狼狈逃走之际，忽然炮声又在前面响起来，迎面一员楚将正拦头杀到，一看，竟是沩贾！是预先埋伏在这里等候截击他们这些死里逃生的败军的。

三人失魂落魄地正要调头逃生，却见斗越椒已领着大军追杀过来了。面对两员虎将的前后夹击，郑军的败将逃兵只有束手就擒了，公子坚等三人也被俘，全军覆没了。

先稳军心后平叛

楚庄王是个昏庸的国君，他在位期间，楚国的朝政也陷于懒怠松散，近乎崩溃的边缘，一切都控制在令尹斗越椒手上。令尹是个居功骄傲，不可一世的人。后来在王后和众大夫的多次劝谏下，楚庄王终于洗心革面，痛改前非，振作发愤。为了整顿朝纲，他削减了斗越椒的部分权力，分别由沩贾、潘汪和屈荡三个人担任。

楚庄王的所为使斗越椒渐生反叛之心。但因为楚庄王宠信沩贾，而沩贾又是他平生惟一佩服的人，因此只得把野心埋在心中，不敢轻举妄动。

这一年，楚庄王亲自率领军队去攻打狄国，留下沩贾留守国内。斗越椒见机会来了，立即召集本家族的全体成员和所管辖的军队发动兵变，族人中对此稍有微词的，他格杀勿论；接着派人暗杀了沩贾，随后亲自统帅大军杀出京城，驻扎在楚军回师必经的蒸野，准备截杀庄王，篡位夺权。

回师途中的庄王得到这个消息，知他来者不善，立即下令部队全速前进，希望赶在斗军来到蒸野之前回到京城。怎知，正是『冤家路窄』，两军竟在半路的漳埘相遇了。两军一接触，各自立即摆开阵势。已经跟狄国战斗多日，疲惫不堪的楚兵见斗军兵强马壮，很是害怕。特别是斗越椒一手持戟，一手挽弓，勇不可当地站在阵前，仿佛一座铁塔横在面前，更令楚兵不寒而栗，人人皆有退缩之意。

楚庄王见状，心里暗自忖度：瞧此情况，我军全无斗志，两军一交战，必败无疑。他顿生一计，对众将士说：

『斗氏家族累世有功于楚国，现在斗越椒虽然叛乱，但宁愿让他负我，我还是不能对不住他。』他派了大夫苏从到斗军营中，跟斗越椒讲和。

苏从来到斗军，转达了楚庄王的意思：只要他肯罢兵讲和，庄王愿意赦免他造反和杀死沩贾的一干罪行；如果他不放心，可以用太子做人质。

斗越椒趾高气扬地对苏从说：『我不指望庄王赦免我。你回去告诉他，我之所以起兵，是因为不屑于当那个没权的令尹；如果他还能打，请率领军队来跟我决一死战，如果不能打，就早早投降，把楚国让给我。别的无谓多讲了！』

苏从再三劝说无效，只好回去了。稍后，斗越椒便下令擂鼓宣战。

庄王别无选择，只得指挥三军上前，与斗军作鱼死网破的决战。阵前，见斗越椒耀武扬威的样子，他气得夺过擂鼓士兵的鼓槌，亲自击鼓督战。斗越椒老远望见，弯弓搭箭，一个劲射，一支又长又粗的飞箭闪电般直向庄王射来，恰巧射在鼓架上，吓得庄王手中的鼓槌也掉到地下。刚回过神，斗越椒第二支飞箭来到，射在伞面上，从这一头直穿过那一头，把伞面射了一个大窟窿，一旁的士兵吓得四散逃走，庄王自己也心惊胆战。眼看这仗无法再打下去了，他只好急急传令鸣金收兵，暂避斗军锋芒。斗越椒见楚军退却，立即追赶，楚兵死伤无数，迫不得已只得回身死战。双方混战多时，楚军依赖兵将众多，才得以迫退斗军。

庄王退到皇浒，见已经远远摆脱了斗军，才敢停下来安营扎寨。安定后，手下拿出斗越椒刚才射来的那两支箭一看，无不瞠目结舌：只见这两支箭比平常的箭长了一倍，粗了一倍，那箭头又尖又利，锋利异常。众将面面相觑不敢说一句话，庄王也暗自惊叹：斗越椒真不愧神射哪！

当晚，庄王巡查营房，发觉士兵们三三两两在议论，都说：『斗令尹的神射过人，我们怎么打得过他啊，这次恐怕定死无疑了……』

庄王的心直往下沉：斗越椒的神箭虽然可畏，但更可畏的是士兵们的斗志，他们从心理上对斗越椒已经这么畏惧，这仗还能打吗？必须想办法解除士兵的恐惧心理才行！

他脚步沉重地回到营房，呆呆地把玩着那两支令全军上下不寒而栗的长箭，苦苦思索着，过了好长的一段时间，他终于想到办法了，立即传来身边的侍卫，吩咐他们马上四散到各营中去，如此这般地对士兵们说……

很快，营房中就传遍了这样一种舆论：在文王时代，戎蛮很善于造箭，制造了一种名叫『透风骨』的名箭，又长又粗又锋利，于是文王就派人去戎蛮那里学习这种箭的制造方法。学成之后，戎人就送了两支这样的『透风骨』的箭作样板给文王，文王把它们供奉在太庙作为纪念，因为这种『透风骨』太厉害，杀伤力太大，有背道义，为正人君子不齿，仁慈的文王没有把它的制造方法传下来……而斗越椒却利用当令尹的特权到太庙偷走那两支『透风骨』。今天他射的那两支箭就是了，但已经射完，以后他再也没有这种箭了。随着这种传说越播越广，楚兵的心也就慢慢安定了，对斗越椒也没有先前那般害怕了。

这当然是楚庄王的计策，正是用这种心理战术，他消除了将士们对斗越椒的恐惧心理，提高了将士们对敌的信心，为打赢对手奠定了精神的基础。

安定了军心，庄王稍稍歇了口气。考虑到斗越椒乃是在作困兽之斗，士气正旺，应当避避他的锋芒，以智取胜，于是他集中了将领们说：为了彻底打败斗军，他准备向外国借兵。目前为保持自己的力量，要撤退到边境附近。

庄王另叫过公子婴齐、公子侧和乐伯几员大将面授机宜，叫他们各率本部人马依计行事。随后又和潘汪等一班身边的大臣秘密商议了好久……

待一切布置好，已是鸡鸣时分。庄王传令立即行动，赶在天亮前撤出现在的驻地，以免被斗军发现行踪追上来。各将领奉命指挥自己的部队去了。

次早，待斗越椒发觉时，楚军已经走得好远了。他洋洋自得，决定趁热打铁，追逐楚军，一举把庄王消灭，免除后患，方能成就大业，于是传令部队全速追赶。

一口气追了二百多里，来到一个叫清河桥的地方，终于发现楚军正在扎营做饭。他们一见斗军追到，连快做好的饭菜也顾不得吃，匆匆忙忙又走。斗军上下也已经是人疲马乏，士兵们个个都在叫肚子饿了。见了楚军遗留下来的饭菜，都主张吃了再走。斗越椒却说：『不！现在千万不能停下来，让庄王那老贼走远了！我们要一口气消灭了庄王和他和部队，才吃早饭！』（这就是历史上有名的『灭此朝食』的由来）众将士只好强撑疲乏之体，狼狈地又追赶上去。

很快追上了楚军潘汪率领的后军。潘汪一脸困顿疲劳之色，在战车上朝斗越椒一拱手，说：『令尹，你的目的是要消灭全军，还是只要杀庄王一人？如果你主要是杀庄王，那你赶快上前吧，他就在前面不远的中军，我也不阻拦你了；如果你要消灭我们全军的，那就让我先跟你交锋一番。』

斗越椒大喜：『多谢你不拦阻我们，只要能杀死庄王那老贼就行！』说罢，率领众将士越过潘汪的后军，朝前追赶庄王去了。

追到青山这个地方，终于追上楚军的中军大将负羁，斗越椒高兴极了，问他：『负将军，庄王在哪里？快告诉我，待我杀了庄王后，重重奖励提拔你。』

负羁说：『庄王没在中军呀，他还没有来到呢。』

斗越椒说：『你别跟我开玩笑了，庄王哪里有不在中军的道理？你在他身边，你如果能帮助我杀了庄王，我夺取了楚国的大权之后，把江山分一半给你，这行了吧？』

负羁略作沉吟之状，稍后，说：『这个事可以商量。但庄王不是那样容易杀的，他身边的将士还多着呢，就算我领你到他跟前，也不可能一下子把他杀死，肯定要有一场血战。我看你的部队已经疲乏不堪，一支又疲劳又饥饿的队

伍怎能打仗呀？我看你还是先让部队歇一歇，做饭吃过后，我再带你去杀庄王吧。』

斗越椒一想也有道理，便传令三军：人不卸甲，马不解鞍，就地休整，迅速埋锅造饭。

将士们一听这号令，人人都像崩溃了一般松弛下来，有坐的，有躺着的，好像骨头都散了，肚子更是要命地『咕咕』直叫，眼盯盯地望着那袅袅升起的炊烟。怎知道，饭还没有做好，就听得一阵地动山摇地杀声传出来，刹那间，楚将公子婴齐和公子侧两路大军分别从左右包抄过来，如铁桶般把斗军围住了。他们正是奉庄王的命令预先埋伏在这里的。当下，两路伏兵一冲，把斗军杀了个措手不及，急得斗越椒前后掩护，左右奔突，才保得队伍退回到清河桥边。正准备过桥，突然『轰』一声巨响，大桥拦腰而断，一看，楚将乐伯率领一队精兵正在河对岸等候他们呢！这当然又是庄王预先埋伏的了。——楚庄王终于用奇计把斗越椒引上了绝路，实现了他『智取』的意图。

斗越椒见被前后夹击，只好命令士兵下河去探测深浅，准备找河水浅的地方强行渡河。乐伯下令乱箭把下河的斗兵射死，大声呼喊：『逆贼斗越椒速速投降！』把个斗越椒气得一下子扯出长箭，拼尽全力朝乐伯射来。乐伯知他箭法厉害，忙躲避去了。

这时，乐伯手下的一个副将上前请命道：『乐将军，请让我跟他比一比射箭！』

乐伯一看，原来是人称『神箭手』的养由基。他高兴地点点头，说：『好，今天就让你这神箭手发发威风！不过，可得小心啊。斗越椒的箭法是天下驰名的哪！』

养由基叩首谢过，说：『将军放心，我让你看看斗令尹今天是怎样死在我的弓箭下的！』

养由基气宇轩昂地来到河边，朝斗越椒大声说：『令尹，你的箭法闻名天下，今天我想领教领教，就与令尹一人对射，比个高低，令尹敢应战吗？』

斗越椒见这个素未谋面、更未闻名的小将竟敢向自己挑战比试射箭，不禁哈哈大笑：『你是什么人？竟敢跟我比试射箭？你这刚出娘胎的小子，乳臭未干，就要来送死啦！』

『我是不是乳臭未干的小子，你跟我比试后，不就知道啦。我先把名字告诉你吧，免得你被我射死了，还不知我是谁——我叫养由基，是乐将军手下人称神箭手的副将。』养由基气定神闲说，『我和你就在两边的桥头上，各向对方射三箭，不准躲避，生死由命，你敢吗？』

『神箭手？哈哈哈——』斗越椒不屑地笑了一阵，说：『好吧，那就让我先射，把你这个「神箭手」打发到阎王那里再说吧！』

『行！论年纪，论官职，都应该让令尹你先射我。』养由基不慌不忙地说，『别说三支箭可以让你先射，就是让你100支，我也不会怕你的！来吧——』

这番话把个斗越椒气了个半死。他咬牙切齿地弯弓搭箭，朝对岸的养由基望了个正着，随着『呼——』的一声，那长箭已经穿云裂帛地飞到养由基面前。只见养由基镇定地举起手中的弓把，对准来箭，轻轻一拨，来箭即掉落河水中。他得意地笑道：『令尹，快射，快射！』

焉知他话音未绝，斗越椒的第二支已经闪电般飞了过来，他连忙一蹲，箭从他头上飞了过去。原来斗越椒见一箭不中，心里怒火骤起，也不答话，就把箭射了过来。见养由基又把箭闪了，不禁大怒：『小子，你自己说的不躲不避，为什么又蹲了下去？真是卑鄙小人！』

养由基不急不怒，反而哈哈大笑：『令尹，你也太猴急了点呀，不过你只剩下一支了。这次我真的不躲不避，看看令尹的真手段。要是你还射不死我，可轮到我射你啦！』

这次，斗越椒倒冷静下来了，他把箭搭在弓上，全神贯注地瞄了好一会儿，才把箭放出去，同时大声叫道：『小子，看你躲到哪里去！』那支箭像长了眼睛一样，直朝养由基的咽喉射来。只见养由基双眼圆睁，定定地望着那骤然飞到的长箭，头略一低，张开嘴巴，就在箭头贴近面门的那一刹间，他银牙一合，恰恰地把箭头咬住了，箭尾的羽翎尚震抖不停。这一下，令两军将士看得目瞪口呆，好久好久才发出山呼海啸般的欢呼声，人人啧啧称奇，个个赞不绝口。

斗越椒这下却慌神了，暗忖道：这无名小子倒真有一手哩，看来不能掉以轻心呀！只是在堂堂两军面前，他仍然大咧咧地说：『小子，算你命大。现在就让你露露丑吧。不过话先说明，你射了3箭还射不着我的，可还该我来射你。』

养由基哈哈大笑：『令尹，如果我要射3箭才射中你的，我也不叫神箭手了。看吧，我只需一箭，就要了你的命！』

一听这话，斗越椒放心了：谅你这无名小子，见过无数世面的我，总可以避过你那一箭吧，到第二个回合，你就一定没命了。他又侥幸地笑了：『小子，别夸口，有什么本事尽管拿出来吧。不过，你刚才可说过的呀，一箭射不到我，就又该我射你啦！』

养由基弯弓搭好箭，边瞄准边说：『令尹，我可要放箭啦，你要小心躲避呀！』说罢拉满了弓把。

斗越椒口中应道：『来吧——』眼睛却死死盯着养由基的举动，连大气也不敢喘一下……忽听得『啪』一声，他忙把身体往左边一闪，可是却不见箭到。原来是养由基虚张声势，那箭却还没有放哩。

养由基哈哈大笑：『令尹，我的箭还没放呢，你怕什么呀。我们可是讲好不躲不避的，你怎么又躲了？』

斗越椒又羞又怒地骂道：『小子，你弄什么玄虚！会射箭的人当然也会躲避，不会躲避的，还称什么英雄。快来吧！』

养由基说：『好，我看你能躲到哪里去！——令尹看箭！』随着他的话音，弓又『啪』地响了一下，斗越椒忙把身体往右边闪开，怎知养由基仍然是虚发，待他的身体闪到右边时，他才把箭放出，结果斗越椒来不及躲避，被射了个正着，当场倒了下去。

养由基利用他的恐惧心理，乘虚而发，取得了这场较射的胜利。

斗越椒一倒下，斗军群龙无首，全军投降了。庄王大获全胜，平息了斗越椒这场叛乱。

卷八　九变篇

原文

孙子曰：凡用兵之法，将受命于君，合军聚众，圮地无舍①，衢地交合②，绝地无留③，围地则谋④，死地则战⑤。涂有所不由⑥，军有所不击⑦，城有所不攻⑧，地有所不争⑨，君命有所不受⑩。故将通于九变之利者，知用兵矣⑪；将不通于九变之利者，虽知地形，不能得地之利矣⑫。治兵不知九变之术，虽知五利，不能得人之用矣⑬。

注释

①圮地无舍：在难以通行的地方不可宿营。圮，毁坏，倒塌。圮地，通行困难之地。《九地篇》有：『山林、险阻、沮泽，凡难行之道者，为圮地。』舍，舍营，宿营。②衢地交合：在四通八达的地区要结交诸侯以求援助。衢地，四通八达之地。交合，与诸侯相结交。③绝地无留：在难以生存的地方不宜停留。绝地，没有泉、井，缺乏柴草的地方。《九地篇》：『去国越境而师者，绝地也。』④围地则谋：在容易被围困的地区要设计摆脱险境。围地，出入通道狭窄，地形四面险阻之地。谋，谋划奇计。⑤死地则战：在没有退还生路的地方就要奋力死战。死地，没有退路，不奋力死战就无法求生的地方。《九地篇》有：『疾战则存，不疾战则亡，为死地。』⑥涂有所不由：有些道路不可通过。⑦军有所不击：有的敌军不要攻击。汉简本《四变》有：『军之所不击者，曰：两军交和而舍，计吾力足以破其军，獾其将。远计之，有奇势……如此者，军虽可击，弗击也。』⑧城有所不攻：有的城邑不一定要去攻占。

汉简本《四变》有：『城之所不攻者，曰：计吾力足以拔之，拔之而不及利于前，得之而后弗能守，若力□之，城必不取。及于前，利得而城自降，利不得而不为害于后。若此者，城虽可攻，弗攻也。』⑨地有所不争：有的地方不一定要去争夺。汉简本《四变》有：『地之所不争者，曰：山谷水□无能生者，……如此者，弗争也。』⑩君命有所不受：即便是国君的命令，有的也可以不接受。⑪将通于九变之利者，知用兵矣：将领能通晓各种机变的利弊，就算得上懂得用兵之道了。⑫将不通于九变之利者，虽知地形，不能得地之利矣：将领如不能懂得各种机变的利弊，虽然了解地形，也不能善于利用地形。⑬治兵不知九变之术，虽知五利，不能得人之用矣：九变之术，各种机变的手段。五利，指『涂有所不由，军有所不击，城有所不攻，地有所不争，君命有所不受』。

译文。

孙武说：大凡用兵的法则是，主将领受国君的命令，征集兵员组织军队出征时，在『圮地』不宜驻军宿营，在『衢地』要结交邻国诸侯，在『绝地』上不可久留，在『围地』中要巧设奇谋，陷入『死地』要奋力死战。有的道路不要通过，有的敌军不要攻击，有的城邑不要攻占，有的地方不要争夺，国君的命令有的可以不接受。将领如能懂得各种机变的利弊，就算是会用兵了。将领如果不懂得各种机变的利弊，虽然了解地形，也不能从地利中得到好处。指挥军队作战而不懂得各种机变的手段，虽然知道『五利』，也不能充分发挥军队的应有作用。

原文

是故智者之虑①，必杂于利害②。杂于利而务可信③也，杂于害而患可解④也。

注释

①智者之虑：聪明的将领的思考。②必杂于利害：杂，兼有，兼顾。③杂于利而务可信：在不利的情况下要考虑到有利的一面，事情才能顺利进行。务，此处指军队的作战任务。信，通『伸』，此处指伸展，达到。汉简本作『杂于利故务可信』。④杂于害而患可解：在有利的情况下要考虑到不利的一面，危难才可以消除。患，祸害，意外。解，消除。

译文

明智的将帅考虑问题，总是同时兼顾到利和害两个方面。在不利的情况下要看到有利的方面，事情才可以顺利进行；在有利的情况下要看到不利的方面，祸患才可以消除。

原文

是故屈诸侯者以害①，役诸侯者以业②，趋诸侯者以利③。

注释

①屈诸侯者以害：用诸侯所害怕的事情去伤害它，以使之屈服。②役诸侯者以业：以消耗国力的事情驱使敌国为

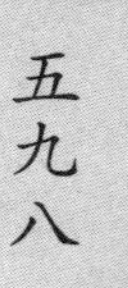

之疲于奔命。役，役使，驱使。业，此处指危险的事情。《尔雅》：『业业翘翘，危也。』③趋诸侯者以利：以小利引诱迫使诸侯被动奔走。趋，奔走。

译文

为使各国诸侯屈服，就要用诸侯最害怕的事情去伤害它；为使各国诸侯穷于应付，就要用诸侯感到危险的事情去困扰它；为使各国诸侯被动奔走，就要用小利去引诱它。

原文

故用兵之法，无恃其不来，恃吾有以待也①；无恃其不攻，恃吾有所不可攻也②。

注释

①无恃其不来，恃吾有以待也：不要指望敌人不来，而是要依靠我们有充分准备以等待它。恃，依靠，指望。《太平御览》作『恃吾有能以待之也』，意同。②无恃其不攻，恃吾有所不可攻也：不要指望敌人不来攻打，而要依靠我们确有实力使敌人攻打不下。《太平御览》作：『无恃其不攻也，恃吾有能以待之也。』意同。

译文

所以用兵的法则是，不要寄希望于敌人不会来，而是要依靠自己有充分的准备；不要寄希望于敌人不会进攻，而是要依靠自己确有实力使敌人无法攻下。

原文

故将有五危①：必死，可杀也②；必生，可虏也③；忿速，可侮也④；廉洁，可辱也⑤；爱民，可烦也⑥。凡此五者，将之过也，用兵之灾⑦也。覆军杀将，必以五危⑧，不可不察也。

注释

①将有五危：作为将帅有五种性格上的弱点。②必死，可杀也：必死，即指勇而无谋，固执死拼。③必生，可虏也：将帅如临阵畏怯，只知贪生，就要被俘获。④忿速，可侮也：将帅如急躁易怒，就可以设计轻侮他。⑤廉洁，可辱也：将帅如过分追求名节，清廉自守，就容易受到污辱。⑥爱民，可烦也：将帅如一味爱惜民众，就容易因之而烦劳。烦，烦劳。⑦用兵之灾：用兵的危害。灾，此处指危害。⑧覆军杀将，必以五危：军队被消灭，将帅被杀戮，一定是由于『五危』导致的。五危，指以上所说的『必死』至『爱民』等五种情况。

译文

所以说作为将领有五种危险的弱点：固执死拼，容易被杀；畏怯贪生，容易被俘；急躁易怒，易被轻侮；过分追求清廉名节，容易受到污辱；一味爱民，容易引起烦劳。所有这五条，都是为将的过失，用兵的危害。兵败将死，一定是由这『五危』所致，不能不明察。

息侯引色狼入室

春秋时期，息侯与蔡侯分别娶陈侯的两个女儿为妻。息侯的夫人妫氏长得十分艳丽，令姐夫蔡侯垂涎三尺。有一次，息夫人途经蔡国回娘家陈国，蔡侯大献殷勤，对小姨动手动脚，吓得息夫人赶快离开了蔡国。

息夫人回到息国后，把蔡侯调戏自己的事情如实告诉给了息侯，息侯大怒，决心惩治蔡侯一番。

息国和蔡国虽然是连襟之国，但息侯臣服于南方的大国楚国，而蔡国与东方的大国齐国友好。息侯派了一个使者对楚王说：『蔡侯自恃与齐国密切，不把大王看在眼里，还挑拨息国与大王的关系，大王何不惩罚蔡国一下？』楚王很生气，但担心齐国会出兵，使者献计道：『我们息王与蔡侯是连襟，大王假意向我国用兵，蔡侯一定会来援救，到那时，我们联合一起，还怕蔡侯能飞上天去吗？』

楚王照着息国使者的计策用兵，果然将蔡侯活捉。蔡侯成为楚国的战俘，在楚营中，他发现息侯正在犒赏楚军，方才知道是中了连襟的诡计，被连襟出卖了。

楚王本想把蔡侯带回楚国，杀掉蔡侯，但大臣鬻拳力陈利害关系，劝说楚王放蔡侯回国。楚王明悟过来，设宴给蔡侯压惊。酒宴上，楚王为炫耀自己，故意指着一位美丽绝伦的女子对蔡侯说：『这样漂亮的女子，天下能有几人！』蔡侯想起息侯陷害之仇，便说：『太微不足道了。大王如果见到息侯的夫人息妫，就再也不会想别的

女人了。』

楚王放掉蔡侯，想起蔡侯的话，一刻也不得安宁。他想了个计策，借打猎为名，到了息国。息侯见楚王来临，赶紧把楚王请进城中，设宴款待楚王。楚王道：『我为你兴师动众，擒住蔡侯，今日远道而来，请尊夫人为我斟杯贺酒如何？』

息侯大惊失色，但又不敢违抗，只好唤夫人出来给楚王斟酒。楚王见息夫人果然是国色天香，怦然心动。第二天假意请息侯饮酒，在酒桌上把息侯擒住，然后，率领亲随，进入宫中，寻找息妫。息妫慌忙逃入后园，企图投井而死，一名楚将奔上前，劝道：『夫人一死不难，难道就不想保全息侯的生命吗？』息妫一听，泪下如雨，瘫倒在地。

楚王得到息妫，饶了息侯一死。

息侯引狼入室，自受其害。

晏婴使齐免遭难

齐国曾是春秋战国时期第一个称霸的国家，但是，齐桓公死后，齐国就逐渐衰败了。过了一百年，齐景公当上了国君，为了恢复齐国的往昔繁盛，齐景公任用了晏婴等一批贤臣，使齐国再度走上欣欣向荣的道路。

齐国的繁荣和强盛引起了称霸中原的晋国的不安。晋平公为了向诸侯各国显示一下自己『霸主』的威力和巩固其地位，就想征伐齐国，给齐国一点厉害看看。为了探清齐国的虚实，晋平公派大夫范昭出使齐国。

范昭到了齐国，齐景公设盛大宴会款待晋国使者。酒到酣处，范昭对齐景公说：『请大王把酒杯借我用一下。』齐景公不知其意，便吩咐侍从：『把我的酒杯斟酒，为上国使者敬酒！』侍从倒满酒恭恭敬敬地送到范昭面前，范昭端起酒，一饮而尽。

晏婴把范昭的举止和神色看在眼里，大为愤怒，厉声命令斟酒的侍从：『撤掉这个酒杯！给国君换一个干净的。』

范昭闻言，吃了一惊。于是，他干脆佯作喝醉，站起身，手舞足蹈地跳起舞来，边舞还边对乐师说：『请给我奏一曲成周之乐，以助酒兴！』

乐师从晏婴命令侍从撤杯的举动中看出了范昭的用意，站起来对范昭说：『下臣不会奏成周之乐。』

范昭连讨没趣，借口已经喝醉，告辞回驿馆去了。

齐景公见范昭不悦而去，心中不安，责怪晏婴说：『我们要跟各国友好往来，范昭是上国使者，怎么能激怒人家呢？』

晏婴回道：『范昭不过是以喝醉为名来试探我国的实力，为臣的这样做，正是要挫掉他的锐气，使他不敢小看我们。』

乐师也跟着说：『成周之乐是供天子使用的，范昭不过是个小小使者，他也太狂妄了。』

齐景公恍然大悟。

第二天，范昭拜见齐景公，连连向齐景公道歉，说自己酒醉失礼。齐景公回了几句客套话，然后派晏婴带范昭去齐国的军营和街市上参观。

范昭回国后，不无感触地对晋平公说：『齐国国力不弱，群臣同心，暂时不可图谋。』晋平公于是灭了攻伐齐国的念头。

齐国即墨保卫战

燕昭王二十八年（前284年），燕昭王以乐毅为上将军，统领燕、秦、魏、韩、赵五国军队，大举伐齐，半年之内，攻下齐国七十余城，只剩莒和即墨二城未克。次年，即墨守将战死，军民推田单为将，指挥守城。田单为破燕军之围，在加强城防的同时，还连出奇谋，削弱燕军力量。首先，用间挑拨燕主、帅之间的关系。齐襄王五年（前279年），田单得悉燕惠王与燕军主帅乐毅有隙，且对乐毅三年不能克齐极为不满的情况后，即派人入燕，散布消息说：『齐国国王已死，目前仅保有两座城池。乐毅同燕国新王有仇怨，惧怕杀身之祸而不敢归国，故借攻齐之名，控制军队，并欲在齐国为王。现在齐人还不愿归顺乐毅，故乐毅缓攻即墨以待时机。齐人最为忧虑的就是燕王调换将领，那样，即墨便不可守了。』燕王听到后竟信以为真，以骑劫取代乐毅为将。乐毅不敢回燕，便投奔赵国去了。乐毅去职，不仅使田单少了一名难以对付的敌手，还大大刺伤了燕军将士的心，个个愤愤不平。其次，田单设计诱敌行

暴，以激励士气。他派人至燕军中传言说：『田单最怕的就是燕军割去所俘齐兵的鼻子，并将他们推至阵前，导引攻城，那样，即墨便不可守了。』骑劫邀功心切，欲以恐怖之举震慑齐军，听到此传言后，果然如法炮制。即墨军民在城头望见燕军以如此残忍的手段对待齐军俘虏，惟恐被燕军抓去，更加坚定了守城的决心，接着，田单派人散布说：『齐人怕的是燕军挖掘城外齐人的祖坟。』燕军果然挖了齐人的祖坟，尽烧骸骨。即墨军民无不悲痛涕零，怒火中烧，纷纷请缨出战，与燕军决一雌雄。再次，示敌以弱，麻痹燕军。田单藏甲隐兵，以老弱、妇女登城守望，又派人向燕军诈降。燕军果然认为齐军精甲已伤亡殆尽，丧失了守城的能力。田单又收集黄金千镒，派即墨富豪送给燕将，并恳求说：『即墨投降在即，但愿燕军不要掳掠我的家族妻女。』燕将对即墨将降更确信无疑，疏于戒备了。田单见军心可用，敌军可击，便抓住战机，以『火牛阵』果断出击，大破燕军，取得了即墨保卫战的胜利。

孙膑平叛败郊师

齐宣王命田忌和孙膑收复边城，平息公子郊师叛乱。孙膑对齐宣王道：『公子郊师区区污合之众，之所以敢与国家为敌，是因为有魏国作后盾。秦国乃魏国劲敌，大王可派能言善辩的说客，前往秦国游说秦王与齐国结盟，请秦国出兵进攻魏国；韩赵两国早有与齐国结盟之意，只是因为我国内乱，才没有立盟，大王可派使者前往韩国与赵国，确定立盟之事，然后请韩赵两国同时出兵。若三国出兵，庞涓将无暇顾及公子郊师。此外，大王再派一使者前往楚国，答应割让城邑给楚国，使楚国不再与魏国和好，魏国将更为孤立，此时我们再出兵收复边城，轻而易举。』

齐宣王问孙膑何人出使这几个国家最为合适，孙膑道：『禽滑聪慧过人，能言善辩，可出使楚国、韩国，他既能让反复无常的楚王，因贪利，再来一次反复；又可使老谋深算、犹豫不绝的韩王看清利害，出兵相助。大王可命高大夫出使赵国，高大夫秉直的性格，很容易让赵王相信我们诚意。大王可命邹忌出使秦国……』

齐宣王不解，打断他道：『邹忌引咎辞职，他嘴上不说，心里非常不满，如果让他当使者，去而不返事小，若他有意坏寡人大事，如何是好？』

孙膑道：『邹忌在相国位置上发号施令多年，如今做普通百姓，很不习惯，他很想找个机会显示一下自己的才能，以期得到大王的赏识，再回朝中，大王若给他这个机会，他一定会尽心尽力。』

齐宣王道：『为何非给他这个机会不可呢？寡人完全可以派别人前往秦国。』孙膑道：『此次伐交，秦国最为重要，因为只有秦国方能与魏国抗衡，秦国出兵，才可使庞涓顾西而不能顾东。大王命失去相国职位的邹忌前往秦国，不用多言，秦王便可从中窥视到大王的胸怀，任何一个国君，只要不是糊涂的君王，都愿与胸怀大度的君王结盟，而不愿与斤斤计较的国家为伍，这是其一。其二，邹忌会尽最大努力游说秦王，这将使秦王感到，曾与大王为敌的人也如此全力为国，可见这个国家的朝政一定非常稳定，任何一个国家都不愿与危机四伏，动荡不安的国家结盟，除非这个国家另有所图。还有，邹忌说话滴水不漏，颇有大国使者的风度。所以，前往秦国，非邹忌莫属。』

齐宣王由衷赞成孙膑的宽大胸怀和用人之道。

齐国迟迟未出兵收复边城，庞涓估计齐国是打算派使者游说韩、赵、楚、秦等国，共同对付魏国，他对庞葱道：『这是孙膑惯用的伎俩，兵家称之为伐交……庞葱，你若是我，打算如何对付孙膑的伐交之策？』

庞葱道：『赵国与韩国惧怕叔父，叔父可派使者恐吓他们，若与齐国结盟，魏国大军将直逼他们的国都；楚王是个贪图利益又自名不凡的人，叔父可送给楚王珠宝与赞美之言，楚王就不会帮助齐国；秦国是一个贪得无厌的国家，韩国为成皋一战，送城邑给秦国，秦国还不满足，叔父可答应秦王共同瓜分韩国的土地，秦国必然不与齐国结盟。』

庞涓满意地笑道：『庞葱，你很有长进……不过，你太小瞧韩国与赵国了，孙膑为他们攻克上党，使韩赵连为一体，只是恐吓，阻止不了他们与齐国结盟，应该分而治之，对赵国可以恐吓，对韩国可以恩威并用，韩国的军队经孙膑训练之后，已非昔日那样不堪我们一击；而对秦国，轻易不要答应他们的条件，秦国一直想东进，不论你答应他任何条件，都无法满足他东进的欲望，只有以威相对。』

庞涓让庞葱出使韩国，他对庞葱道：『韩国对我们很重要，若说服韩国与我们结盟，秦国就不足为虑，若不能说服韩国，事情就有些麻烦。』

庞葱到达韩国的时候，禽滑也到达了韩国，齐魏两国的使者都是为结盟而来，韩王一时拿不定主意，他问朝中大夫们如何是好。

中大夫赞同履行与齐国盟约，反对与魏国和好，他对韩王道：『魏国野心勃勃，又言而无信。它一直想吞并韩、赵两国，只是东有齐国，西有秦国，才未能如愿，我们不能与这样的国家结盟。』

左大夫的意见与申大夫截然相反，他对韩王道：『我不否认魏国有野心，凡是大国都有野心，只要我们善于在大国间周旋，他们就无法灭亡韩国，我们之所以答应与魏国结盟，就是为了与其周旋，使魏国没有借口对我们用兵，否则，弄的太僵，魏国真对我们动用军队，齐国内乱不止，无力帮助我们，韩国将难以御敌。』

韩王不想与魏国对抗到底，又担心魏国言而无信，他想要一个两全齐美之策。司马大夫道：『大王可告诉魏国使者，若让魏国的太子申来韩国做人质，韩国便与魏国结盟。太子申是魏王最宠爱的儿子，太子申做人质，魏国就不敢进犯韩国。』

庞涓本不想答应韩国苛刻的条件，但他听奸细说齐国出使秦国的使者是邹忌，便对庞葱道：『孙膑太会选人了，邹忌出使秦国，秦国肯定与齐国结盟，如果韩国再乘机兴风作浪，我们就难以对付了……先答应韩王的要求，以后再想办法让太子回来。』

韩国答应与魏国结盟，申大夫感到愧对孙膑和远道而来的禽滑，他特意向禽滑表示歉意。禽滑对他道：『孙先生本来就没指望韩国帮助齐国，只要韩国不出兵帮助魏国，我此行的目的就算达到了。』

申大夫道：『禽先生尽可放心，韩国虽未与齐国结盟，但朝中大夫，包括大王都把齐国当做友国，决不会出兵帮助魏国进攻齐国。』

禽滑道：『我说的出兵，不是指帮助魏国进攻齐国，而是帮助魏国对付秦国，如果秦国出兵攻魏，韩国不出兵相助，庞涓便东西不能两顾，我们就可以乘机收复边城，平息叛乱。』

申大夫有些为难，道：『秦国一向威胁韩国，如今仍占据着韩国的边城，大王做梦都想收回边城，魏国若与秦国交兵，大王非出兵不可。』

禽滑微微一笑，道：『收回边城，未必需要出兵，只要一句话，秦王就会将边城还给韩国。』

申大夫道：『请禽先生明示。』

禽滑道：『秦国出兵攻魏，必走函谷关，秦国兵出函谷关与魏军交战之时，韩国可屯兵秦韩边境，威胁函谷关，然后派人告诉秦王：若秦国归还韩国边城，韩国将按兵不动，若秦国不归还边城，韩国将出兵截断秦军的粮道与退路。秦国将不得不归还边城。』

申大夫赞叹道：『好，好一句话！禽先生的智谋，可与孙先生媲美！』

禽滑笑笑，道：『不瞒你说，这是孙先生的主意……来时孙先生让我告诉你，只要这次韩国不帮助魏国，韩国有难，齐国决不会袖手旁观。』

申大夫道：『请禽先生转告孙先生，只要能收回边城，寡君决不会帮助魏国。』

禽滑出使韩国干的漂亮，邹忌干的也很漂亮，秦国答应与齐国结盟，三十万军队出函谷关，进入魏国。庞涓率魏国大军迎击秦军，决心与秦国军队一争高下。庞涓临行，仍惦记齐国的公子郊师，他嘱咐驻守齐魏边境的费将军：『宁可失去齐国边城，也不可失去公子郊师，只要公子郊师在，齐国就不会安宁。』

齐宣王决不会容公子郊师与自己分廷抗礼，他命田忌、孙膑立即收复边城、平息叛乱。齐太后听说此事，质问宣王道：『听说你又要出兵讨伐郊师？』

齐宣王解释道：『不是讨伐，是请郊师兄弟回到太后身边。』

齐太后冷笑道：『什么请，别胡弄我这个老太婆了，我心里明白……大王，我还是那句话，国家的事我不管，但你们兄弟之间的事，我不能不管，无论你有什么理由，也不能伤害郊师，你若伤害郊师，我就是死在你面前。』

齐宣王道：『太后放心，王儿已经下命，只准收复边城，不得伤害郊师，伤害郊师者，将与郊师同葬。』

齐太后道：『田忌与孙膑若不遵命呢？』

齐宣王道：『违抗君命，就是死罪。』

田忌和孙膑指挥齐军将公子郊师盘踞的廪丘、范城、马陵分而围之。公子郊师依仗魏国的支持，负隅顽抗，命令叛军拼死守城，一场血战似乎在所难免。

田忌对孙膑道：『孙先生，边城内外，皆齐国士兵，有的人还是乡邻亲戚，若能兵不血刃收复边城，才是上策。不知军师可有妙计？』

孙膑道：『攻心。』

田忌道：『如何攻心？』

孙膑道：『凡有乡邻亲戚在城中者，让他们写一书信，信中除了叙旧之外，告诉城内的乡邻亲戚，弃暗投明者，我们将既往不咎，然后用弓箭将书信射入城中……』田忌道：『如此发信，信会落入他人之手。』

孙膑微微一笑，道：『我要的就是这种结果，如此以来，一封信将一传十，十传百，城内的叛军就都将知道我们的态度。《孙子兵法》上说：投之亡地然后存，陷之死地然后生。我是反其道而用之，让叛军有生路可走，求生是人的本能，只要有生路，多数士兵将无心守城，军心必然浮动，将军们就是有天大本事也无法控制军队，我们若此时攻城，即使不能兵不血刃，也将是轻而易举。』

田忌赞叹道：『好，一封书信，胜过十万大军！』

孙膑的攻心之箭纷纷落入叛军手中，果然一传十，十传百，守城叛军军心浮动，廪丘叛军逃兵过半，范城叛将开城投降。叛军首领高将军对公子郊师道：『孙膑攻心不攻城，说明他的确计高一筹……不过，同时也说明他对公子不敢轻举妄动。只要公子在，我们就有希望，公子不如做个人情，告示全军，愿意走的，可以走，愿意留的，随公子前往魏国，待庞涓大军凯旋，我们再卷土重来。』

公子不快地道：『我不去魏国！』

高将军道：『孙膑用兵如神，我们不是他的对手，我们应该先避其锋芒……』

公子郊师打断他，道：『你们都怕孙膑，我不怕，我就是要看看他有多大本事。』

高将军道：『公子，现在不是逞能的时候，如果此次兵败，公子即使侥幸不死，也不可能再集结这么多军队，更不可能夺取王位。』

公子郊师道：『躲到魏国就有可能吗？吃人家的残汤剩饭，看人家的脸色行事，被人家使唤过来，使唤过去，那种丧家之犬的滋味好受吗？』

高将军道：『今日听别人使唤，是为了将来夺取王位使唤别人……公子，成大事的人，要能忍耐屈辱。当年晋国的公子重耳，漂泊国外十数年，受尽困苦，吃尽屈辱，最终回到国家，不但做了大王，而且成了霸主，名留史册……公子为何不能成为第二个重耳呢？』

公子郊师道：『我真无法忍受魏国人盛气凌人的样子，尤其是庞葱……』

高将军道：『孔夫子有句话：小不忍则乱大谋。为了王位，公子就忍一忍吧……』

公子郊师最终听从高将军的劝告，率残部弃城而逃。齐国军队网开一面，放公子郊师一条生路。

卷九 行军篇

原文

孙子曰：凡处军①、相敌②，绝山依谷③，视生处高④，战隆无登⑤，此处山之军也。绝水必远水⑥；客绝水而来⑦，勿迎之于水内，令半济而击之⑧，利；欲战者，无附于水而迎客⑨；视生处高，无迎水流⑩，此处水上之军也。绝斥泽，惟亟去无留⑪；若交军于斥泽之中，必依水草而背众树⑫，此处斥泽之军也。平陆处易⑬而右背高⑭，前死后生⑮，此处平陆之军也。凡此四军之利⑯，黄帝之所以胜四帝也。

注释

①处军：军队行军作战中在不同的地形条件下的处置要领。处，处置，部署。②相敌：观察和判断敌情。③绝山依谷：行军通过山地时要靠近有水草的谷地。绝，横渡，穿越，此处指通过。④视生处高：驻扎在向阳的高处，以使视界开阔。视生，此处指向阳。⑤战隆无登：如敌军占据高地，不宜正面仰攻。隆，高地。登，登高，此处指仰攻。⑥绝水必远水：横渡江河要在离江河较远的地方驻扎，以便有进退回旋的余地。⑦客绝水而来：敌军如渡水而来。客，此处指敌军。⑧令半济而击之：趁敌军渡江河至一半时予以攻击。因为这时敌人首尾不接，队伍混乱，无力反攻。济，渡过江河。半济，渡过一半。⑨欲战者，无附于水而迎客：要想与敌军交战，不要靠近江河去迎击它。无，通『勿』。附，靠近。迎，此处指迎击。⑩无迎水流：不要驻扎在敌军的下游，以防敌军顺流来攻或决水灌淹。⑪绝

斥泽，惟亟去无留：军队通过盐碱沼泽地带时，要尽快离开，不可驻军停留。斥，盐碱地。⑫若交军于斥泽之中，必依水草而背众树：如果与敌军在盐碱沼泽地带相遇交战，一定要尽量靠近有水草之处，并且背靠树林。⑬平陆处易：在平原开阔的地区驻军，要选择在平坦的地方安营。⑭右背高：将军队的主要翼侧部署在背靠高地的地方。右，此处指上，先秦时中原诸侯国以右为上。⑮前死后生：前低而后高。死、生，此处分别指低、高。《淮南子·地形训》：『高者为生，低者为死。』⑯凡此四军之利：以上所述山地、河流、盐碱沼泽、平陆四种地形条件下的治军法则。

译文

孙武说：大凡军队行军作战和观察判断敌情，应注意如下原则：通过山地时必须靠近有水草的谷地行进，驻扎时要选择居高向阳之处，如果敌人已占据高地，则不可仰攻。这是在山地部署行军作战的原则。横渡江河时，应该在离江河稍远的地方驻扎；敌军渡水前来，不可在水中迎击，而应趁其渡过一半时发起攻击，这样有利。如果想和敌人交战，不要在江河边布军列阵。在江河地带驻军，也应居高向阳，不要驻扎在敌军的下游。这是在江河地带部署行军作战的原则。在通过盐碱沼泽地带时要尽快离开，不应久留；如若在盐碱沼泽地带与敌人相遇交战，那就必须占领有水草而且背靠树林的地方。这是在盐碱沼泽地带部署行军作战的原则。在平原地带驻军，要选择在平坦开阔的地方安营，将军队的主要翼侧部署在背靠高地的地方，前低而后高。这是在平原地带部署行军作战的原则。以上四种行军作战原则的好处，正是黄帝能够战胜四帝的原因。

原文

凡军好高而恶下[1]，贵阳而贱阴[2]，养生而处实[3]，军无百疾，是谓必胜[4]。丘陵堤防，必处其阳而右背之[5]。此兵之利，地之助[6]也。上雨，水沫至[7]，欲涉者，待其定[8]也。凡地有绝涧[9]、天井[10]、天牢[11]、天罗[12]、天陷[13]、天隙[14]，必亟去之，勿近也。吾远之，敌近之[15]；吾迎之，敌背之[16]。军行有险阻[17]、潢井[18]、葭苇[19]、山林、翳荟[20]者，必谨复索之[21]，此伏奸之所处[22]也。

注释

①好高而恶下：军队驻扎喜欢高处而忌在低处。恶，厌恶，此处有『忌讳』之意。②贵阳而贱阴：以向阳之地为贵，而回避阴湿地带。③养生而处实：军队驻扎要选在靠近水草并且物资供应便利的地方。养生，指靠近水草，粮秣充足，便于生存。处实，指驻扎在地势高的地方。④军无百疾，是谓必胜：汉简本无此句。⑤必处其阳而右背之：驻军要占据向阳的地方并使军队的主力背靠丘陵或堤防高地。⑥地之助：地形地势方面的助力。⑦上雨，水沫至：河流上游下雨，就会先有水沫冲来，然后必有河水暴涨。⑧欲涉者，待其定：如军队要过河，要等洪峰过后水势平稳再渡。涉，徒步过河。定，此处指水势平定。⑨绝涧：两岸陡峭险峻、水流其间的地形。⑩天井：四周高峻、中间低洼的地形。⑪天牢：山险环绕、入口狭小的地形。⑫天罗：荆棘丛生、草木深密，如同天然设置的罗网一样。⑬天陷：地势低洼、道路泥泞易陷的地方。⑭天隙：两山之间狭窄险恶的谷地。⑮吾远之，敌近之：以上所述六种不利地

形，我军必须远离它，让敌人去接近它。⑯吾迎之，敌背之：我军要面向这些不利地形，而让敌人背靠它。⑰军行有险阻：军行，行军途中。《通典》、《太平御览》作『军旁』。险阻，有悬崖绝壁的隘路。⑱潢井：低洼沼泽地带。潢，积水地。⑲葭苇：芦苇。此处指芦苇丛生之处。⑳山林、翳荟：草木繁茂的山林之地。㉑必谨复索之：必须要反复仔细地加以搜索。㉒此伏奸之所处：这些地方是敌军侦探或伏兵容易隐藏的地方。

译文

一般说来，驻军总是喜好干燥的高地，而讨厌潮湿的低洼地；要求向阳而回避阴湿；接近水草地区，物资供应方便，将士们不生疾病，这是军队取胜的重要保证。在丘陵、堤防驻军，一定要驻扎面南向阳的一面，并把主力背靠着它。这些用兵的便利之处，得自地形的辅助。江河上游下雨，水沫飘来时，必须等水势平稳以后再渡，以防洪水暴涨。凡是遇到『绝涧』、『天井』、『天牢』、『天罗』、『天陷』、『天隙』这些地形，必须尽快离开而不要靠近。我们远离这些地方，让敌军去靠近；我们面向这些地方，让敌军去背靠着它。在山川险阻、湖沼、水网、芦苇丛生处及草木茂盛的地方行军，必须谨慎地反复搜索，这些都是敌人可能设有伏兵或隐伏奸细的地方。

原文

敌近而静者，恃其险也①；远而挑战者，欲人之进也②；其所居易者，利也③。众树动者，来也④；众草多障者，疑也⑤。鸟起者，伏也⑥；兽骇者，覆也⑦。尘高而锐者，车来也⑧；卑而广者，徒来也⑨；散而条达者，樵采也⑩；少而往

来者，营军也[11]。辞卑而益备者，进也[12]；辞强而进驱者，退也[13]；轻车先出居其侧者，陈也[14]；无约而请和者，谋也[15]；奔走而陈兵车者，期也[16]；半进半退者，诱也。杖而立者，饥也[17]；汲而先饮者，渴也[18]；见利而不进者，劳也[19]。鸟集者，虚也[20]；夜呼者，恐也[21]；军扰者，将不重也[22]；旌旗动者，乱也[23]；吏怒者，倦也[24]；粟马肉食，军无悬缻，不返其舍者，穷寇也[25]。谆谆翕翕，徐与人言[26]者，失众也；数赏者，窘也[27]；数罚者，困也[28]；先暴而后畏其众者，不精之至也[29]；来委谢者，欲休息也[30]。兵怒而相迎，久而不合，又不相去[31]，必谨察之。

注释

①敌近而静者，恃其险也：敌军近而不动，是有险要的地形为仗恃。②远而挑战者，欲人之进也：敌人驻扎很远而派兵前来挑战，目的是引诱我军前进。③其所居易者，利也：敌人不占据险要而驻扎于平地，一定是对它有利。易，此处指无险要的平易之地。④众树动者，来也：许多树木摇动，说明有军队前来。⑤众草多障者，疑也：在杂草丛生的地方布置有许多障碍，是敌人的疑兵之计。⑥鸟起者，伏也：林中鸟雀突然惊飞，说明下面设有伏兵。⑦兽骇者，覆也：野兽惊骇逃奔，说明有敌军大举来袭。骇，马受惊，此处指野兽受惊而逃。覆，覆盖，此处指铺天盖地。⑧尘高而锐者，车来也：见有飞尘高扬而直升，是战车驰来的表现。⑨卑而广者，徒来也：飞尘低而面积广，是步兵行进的表现。卑，位置低。徒，步卒。⑩散而条达者，樵采也：飞尘散乱而细长，并断断续续，是敌人在砍柴。条达，纵横断续的样子。⑪少而往来者，营军也：飞尘较少而且时起时落，是敌人在察看地形，准备设营。⑫辞

卑而益备者，进也：敌人的使臣言词谦卑，实际上敌军却加强作战准备，这说明敌人是在准备进攻。益，增加，增强。⑬辞强而进驱者，退也：敌人的使臣措辞强硬，并且摆出军队进逼姿态的，其实往往是要撤退。⑭轻车先出居其侧者，陈也：先派战车在旁边，是为了掩护军队布阵。陈，即『阵』。⑮无约而请和者，谋也：敌人来请议和而又不订立盟约，是另有阴谋。约，历代注家所解不一，此处取『质盟之约』的说法。⑯奔走而陈兵车者，期也：敌军往来奔走而部署兵车阵势，是期待和我军交战。期，期待，期求。⑰杖而立者，饥也：以手中兵器倚持站立，说明敌军饥饿缺粮。杖，拄杖，挟杖，此处指倚兵器而立。⑱汲而先饮者，渴也：负责取水的人自己先喝水，说明敌军干渴缺水。汲，从井中取水。⑲见利而不进者，劳也：发现战术上有利可图，然而敌军并不前进，表明他们已疲惫不堪，无力争取。⑳鸟集者，虚也：敌军营地鸟雀群集，说明敌营空虚。㉑夜呼者，恐也：敌军夜间惊呼，表明其军心不稳，惊恐不安。㉒军扰者，将不重也：军中惊扰混乱，说明将领缺乏威严。㉓旌旗动者，乱也：军中旗帜动摇，说明阵脚混乱。㉔吏怒者，倦也：军官动辄发怒，说明敌军已厌倦。㉕粟马肉食，军无悬缻，不返其舍者，穷寇也：用军粮喂马，杀牲口吃肉，收拾起炊具，军队不归营房，表明敌军已成为孤注一掷的穷寇。粟马，用粮喂马，粟用作动词。缻，同『缶』，此处指陶制炊具。㉖谆谆翕翕，徐与人言：低声下气、委婉温和地与士卒讲话。《通典》、《太平御览》作『徐言入入』。㉗数赏者，窘也：屡次犒赏士卒，表明穷于应付困难。窘，窘迫。㉘数罚者，困也：不断惩罚部下，表明陷入困境。㉙先暴而后畏其众者，不精之至也：对部下先是凶暴无礼而后又害怕的，是最不精明的将领。

㉚来委谢者，欲休息也：敌方派使者婉辞谈判的，说明敌人希望休战。㉛久而不合，又不相去：久不交战，而又不撤兵。合，交战。

译文

敌军逼近而仍保持镇静，是倚仗自己据有险要的地形；敌军距离很远而来挑战，是打算引诱我军前进；敌军不居险要而驻扎于平坦地带，是因为有对它有利的意图。林中树木摇动，是有敌人隐蔽袭来；草丛里有许多障碍，是敌人布设的疑阵；鸟雀被惊起，说明下面有伏兵；野兽受惊狂奔，是敌人大举突袭；飞尘高而且尖，是敌军的战车驰来；飞尘低而且面广，是敌军的步兵开来；飞尘四散而且细长，是敌军在山上砍柴；飞尘稀少并且时起时落，是敌军在察看地形安营扎寨。敌方使者言词谦恭而又在加紧作战准备，是在准备进攻；敌方使者言词强横而又作出进军姿态的，是在准备撤退；敌军战车先出并部署在翼侧，是在布列阵势；敌军来请议和而又不订立盟约，是它另有阴谋；敌军往来奔走而部署兵车阵势，是期求与我军交战；敌军半进半退，是想引诱我军深入。敌军士卒倚挟兵器站立，是饥饿缺粮的表现；敌军取水的人先喝水，是干渴缺水的表现；敌军发现战术上有利可图而不进兵，表明他们已疲惫不堪；敌军营帐鸟雀群集，说明敌营空虚；敌军夜间惊呼，说明他们惊恐不安；敌军惊扰混乱，说明将领缺乏威严；敌人军中旗帜动摇，说明它阵脚混乱；敌人军官动辄发怒，说明敌军已厌倦；用军粮喂马，杀牲口吃肉，收起炊具，军队不归营地，表明敌军已成孤注一掷的穷寇。敌军将领低声下气地与士卒讲话，表明将领失去人心；屡次犒赏部下，表明敌军已穷于应付困境；屡次处罚部下，表明敌军处境困顿；将帅对部下先是凶暴无礼继而又惧怕，是最不精明的做法。敌方派使者婉辞谈判，说明敌军希望休战；敌军气势汹汹前来对阵，但久不交战而又不撤兵，必须慎重地观察它的企图。

原文

兵非益多①也，惟无武进②，足以并力、料敌、取人而已③；夫惟无虑而易敌者，必擒于人④。

注释

①兵非益多：并非兵越多越好。②惟无武进：不过不能恃勇轻进。武进，恃武轻进。③足以并力、料敌、取人而已：能足以集中力量、判明敌情、善于用人就可以了。④无虑而易敌者，必擒于人：缺乏深谋远虑而又轻敌的人，一定会被敌人俘获。

译文

作战并不在于兵越多越好，不过不能轻敌而恃勇轻进，要能够集中力量、判明敌情、善于用人就可以了。只有那种缺乏深谋远虑而又轻敌的人，必然会被敌人俘获。

原文

卒未亲附而罚之则不服①，不服则难用也；卒已亲附而罚不行，则不可用也。故令之以文，齐之以武②，是谓必

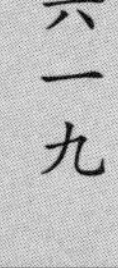

取③。令素行以教其民④，则民服；令不素行以教其民，则民不服。令素行者，与众相得也⑤。

注释

①卒未亲附而罚之则不服：对于士卒，在他们尚未亲近依附时就加以处罚，他们就会不服。②令之以文，齐之以武：用道义来教育、安抚，用军纪军法来约束军队。《吴子·论将》：『总文武者，军之将也；兼刚柔者，兵之事也。』③是谓必取：这样训练出来的军队打仗一定可以取胜。取，取胜。④令素行以教其民：平素就认真实行严格要求来管教士卒。⑤令素行者，与众相得也：平素能严格执行军令的，说明将领与士卒之间相互信任。

译文

在士卒尚未亲近依附时就施以处罚，士卒就会怨愤不服，怨愤不服就难以使用他们；士卒已经亲近依附后，仍不能执行军法军纪，那么也不能用来打仗。所以，要用道义来教育、安抚，用军法军纪来约束军队，这样训练出来的军队作战必定能够取胜。平时能认真贯彻军令、教育士卒，士卒就可以养成服从的习惯；平时不认真贯彻军令、教育士卒，士卒就会养成不服从的习惯。平时能认真执行军令的，说明将领与士卒之间相互信任。

经典事例

商汤奉天伐夏桀

商汤起兵，准备攻打夏桀，临出征时对自己的部众说：『告诉你们大家，不是我举兵作乱，只因夏朝统治腐败，

罪恶多端；我听你们也都说夏朝有罪，因而害怕上帝的威严，不能不去攻打它。夏桀恣意地用尽众人的劳力，恣意地挥霍天下的财力，所有百姓都不愿跟他同力合作，并且说「这个太阳什么时候丧亡呢？我们都愿意与你同归于尽。」夏桀的德行如此之坏，现在我一定得去征伐他。你们应当辅助我，奉行上天的讨伐，我会大大地赏赐你们。你们不要不相信，我是不会说假话的。假如谁不听从我的约束，那我就要杀掉他，并把他的家人没入官府为奴婢，绝不会有所宽赦的。』于是出兵进击，在鸣条（今河南封丘东）大败夏军，迫使夏桀逃亡而死。

武王誓师伐殷纣

周武王伐纣，率领各诸侯兵车数千辆，来到商都郊外，在那儿誓师。他左手持黄，右手挥白旄，面对全体将士说：『我的友邦君主，各位司徒、司马、司空、亚旅、师氏、千夫长、百夫长，以及庸、蜀、羌、髳微、纑、彭、濮各国的人们，举起你们的戈，拿起你们的盾，竖起你们的矛，我们就要宣誓了。现在殷王纣废弃祖先的享祭，不报答神恩，舍去他的国家，不信任自己的兄弟，却对天下的犯罪人那般尊重和信任，让他们来暴虐百姓，扰乱社会。我只有恭谨地执行上天的惩罚。今天的任务很快就能完成，不过前进六七步，击刺六七下，就可以停下来整队。希望大家勇敢战斗，像老虎、像熊罴、像豺狼、像螭蛟，在这商都的郊野大显身手。如果有谁不舍命，那么他自身将会受到惩罚。』誓师完毕，周武王就下令向殷王纣派来的军队发起攻击。殷军上下毫无斗志，纷纷掉转矛头，引导周武王杀入城内。殷王纣被迫焚火自尽。周武王胜利班师，回到镐京（今陕西西安），正式建立了周王朝。

田穰苴收复失地

春秋时，齐国的齐景公在位，晋国派兵攻打齐国的阿、鄄地区，同时燕国侵犯齐国的河上，齐国军队大败。齐国大臣晏婴向景公推荐田穰苴，说：『穰苴虽然是田氏的妾媵所生，然而此人的文才能够使众人信服，武略能够威震敌人，希望您暂且试用他。』齐景公便把穰苴招来，和他商讨战争问题，非常满意，遂任命他为将军，统率齐军抵抗燕国、晋国的军队。田穰苴说：『我一向位卑低贱，您把我从平民之中提拔上来，加官在大夫之上，恐怕士兵不信服，百姓不亲近，人的地位低微，权力自然没有分量，我请求派一位您所宠信的大臣或全国所尊敬的人作监军。这样才可以。』于是，齐景公答应了穰苴的请求，派他的宠臣庄贾担任监军。穰苴辞别齐景公，与庄贾约定，第二天中午在军营门口会面。第二天，穰苴一大早骑马来到军中，竖立木桩，设置滴漏，等待庄贾。庄贾一向骄横傲慢，这次认为田穰苴统率的是他的军队而他自己又是监军，所以他心里也不很急着去军营。庄贾的亲戚和左右下属都为他送行，留他下来饮酒。天已中午，可是庄贾还没有到，穰苴就砍倒木柱，放掉滴漏中的注水，进入营房，到了军中，集合士兵，申明军纪。军纪定了下来，到了傍晚时分，庄贾才赶到。穰苴问：『您为什么失约？』庄贾回答：『我的亲戚为我送行，所以多留了一会儿。』穰苴说：『大将从接受国君命令时起，就要忘掉他的家；上阵指挥军队，就要忘掉他的亲人；听到鼓声急迫，就要忘掉自己的身体。当前，敌军已深入我境，举国骚动，人心沸腾，我们的士兵在边境上苦战，我们的国君坐卧不安，吃不好饭，老百姓的性命都系你一身，为什么还说相送？』当即叫来军队的执法官，问

道：『按照军法，对于约定了时间而故意迟到的应怎么处置？』执法官说：『应当斩首。』庄贾恐惧万分，急忙派人骑快马飞报齐景公，请求救他一命。骑快马的人求救还未回来，穰苴便把庄贾斩首，并向全军通报，全军上下异常震惊。过了一会儿，齐景公派遣的使者才拿着符节来救庄贾，骑马直入军中。穰苴说：『将帅在外带兵时，君王的命令有些可以不接受。』回头问执法官：『军营里不准跑马，使者跑马，应当怎样处置？』回答说：『应当斩首。』使者非常害怕。穰苴说：『国君的使者不可杀。』于是他下令杀了使者的仆人，砍了车子左边的木杆，杀了在左边驾车的马，并向全军通报。穰苴派遣使者向齐景公报告后，然后布置军事要务。凡是士兵的行军住宿、挖井垒灶、喝水吃饭、看病用药等，穰苴都亲自安排。他把供将军使用的物品和粮食拿出来和士兵们分享，平均分配粮食，特别照顾那些身体不好的士兵。三天之后集合军队，即使有病的士兵也纷纷要求上前线打仗。晋军听到这些消息，就罢兵撤退；燕军听到这些消息，刚刚渡过黄河便向北撤走。穰苴就率部追击，收复了国内的全部失地，凯旋而归。

楚败晋军于河中

春秋时，楚庄王率军攻打郑国，迫使郑国投降。晋景公听楚国出兵攻打郑国，就派荀林父、随会等人率军援救郑国。等晋军来到黄河边上，郑国已向楚庄王签约投降，而撤兵南归。晋军为了达到援救郑国的目的，就开始渡河作战。楚庄王得知晋军已经渡河，马上回过头来阻击晋军。郑国迫于楚国威势，也出兵支援楚军。结果，楚军大破晋军于黄河之中，晋军由于争夺渡船，相互残杀，损失惨重。楚军俘虏了晋将军智，奏凯而还。

刘敬谏高祖缓进

汉初，匈奴常骚扰边陲，朝廷特派韩王信率兵驻太原，以抵御匈奴。谁知，韩王信在匈奴大队人马蜂拥而来时，为其虚张声势所吓倒，在求和不得，朝廷又疑他通敌的关键时刻背汉而投降了匈奴。

高祖刘邦闻讯后，亲自率军远征。这回，刘邦率32万人马，猛将、谋臣都随同前往。在杀退了匈奴前锋部队后，高祖到晋阳住下，然后派出探马前往侦察。不大工夫，探马回报说，匈奴在冒顿单于（国王）亲领下已率部赶到，只是军中多老弱残兵，不足深虑，如往攻之，定可取胜。

时下正值严寒，大雪纷飞，寒风怒号，汉兵个个冻得手缩足僵。显然，汉兵不太习惯于在如此恶劣的气候下交战。刘邦心想，反正对方是些老弱残兵，不如速战速决，班师回朝。刚想发兵，又想到为了慎重起见，特派奉春君刘敬再去探视。

刘敬原姓娄，是个戍卒，因为曾经建议刘邦定都关中，终被采纳而授官郎中，并赐姓刘，号奉春君。这时，他奉了皇帝使命前往侦察。当侦察回来时，一看刘邦已率军上路了。刘邦见了刘敬忙问：『你探察过匈奴情形，必有所见，大概攻打它没什么问题吧？』没想到刘敬回答：『臣以为不宜轻进。』

『为啥不宜轻进？』刘邦已率军越过了勾注山，都快要到广武了，一路上十分顺利，所以听了刘敬的话，十分反感。

刘敬说：『两国相争，理应耀武扬威，各夺兵力，可是臣观匈奴人马，不是老弱就是疲损，没精打采。这样的部队，怎么像打仗的样子？臣料它其中必有诈，以羸弱作假象，暗中埋藏着精锐，布好圈套，正引诱我军去钻呢。为慎重起见，陛下不要上它的当。』

刘邦正欲挥师杀敌还在兴头上，谁料刘敬上来就是一瓢冷水，不觉十分懊丧，破口大骂道：『你这个齐国佬，本来就靠着一张嘴，三寸舌，自以为得了个官职就了不起，居然敢在这里蛊惑人心，阻我军锋，你知罪吗？』说完，不由分说，令左右拿下刘敬，囚于广武的牢狱中，说是待回来再加发落。

以后的事实证明，刘敬是对的，刘邦则吃了苦头。没有陈平的『公关』术，恐怕连回都回不来了。班师回经广武时，刘邦面带愧色，当面向刘敬道歉：『我不用公言，才中了匈奴的诡计，险些不得相见。你前面去侦察的那班家伙，以虚言误我，我已将他们治罪了。』不仅赦免了刘敬，还把他加封为关内侯，食邑二千户，号为建信侯。

实践证明，刘敬的眼光是锐利的，他能识破匈奴的假象，提醒刘邦不要上当。可是，刘邦求胜心切，不听刘敬的话，结果吃了大亏。由此可见，如何透过现象看本质，做到去伪存真，的确是不容易的。

卷十 地形篇

原文

孙子曰：地形有通者[1]，有挂者[2]，有支者[3]，有隘者[4]，有险者[5]，有远者。我可以往，彼可以来，曰通；通形者，先居高阳[6]，利粮道，以战则利[7]。可以往，难以返，曰挂；挂形者，敌无备，出而胜之[8]；敌若有备，出而不胜，难以返，不利。我出而不利，彼出而不利，曰支；支形者，敌虽利我，我无出也[9]；引而去之，令敌半出而击之[10]，利。隘形者，我先居之，必盈之以待敌[11]；若敌先居之，盈而勿从，不盈而从之[12]。险形者，我先居之，必居高阳以待敌[13]；若敌先居之，引而去之，勿从也。远形者，势均，难以挑战[14]，战而不利。凡此六者，地之道也[15]；将之至任，不可不察也。

注释

①地形有通者：地形，即地理形势。通，四通八达。②挂者：易进难退的地形。③支者：敌我双方可以据险对峙而不宜进攻的地形。④隘者：两山之间的狭窄险要地带。⑤险者：形势险要的地带。⑥先居高阳：首先占领地势高而且向阳的地方。⑦利粮道，以战则利：保持运粮通道的畅通，就能有利于作战。⑧挂形者，敌无备，出而胜之：在易进难退的挂形地带，敌军没有防备时，就可以出击以取胜。⑨敌虽利我，我无出也：敌军即便以利引诱，我军也不要出击。利，以利相诱。无，通『勿』。⑩令敌半出而击之：让敌人出动至一半时再回击。⑪必盈之以待敌：必须以足

够的兵力堵守隘口，以便等敌军到来。⑫盈而勿从，不盈而从之：敌人在隘形地带如已派充足的兵力防守，就不可去攻打；如敌人虽已占领该处，但兵力并不充足，就可以去攻打。⑬险形者，我先居之，必居高阳以待敌：遇到险要地形，我军应抢先到达占领向阳的制高点，以待敌军。⑭远形者，势均，难以挑战：两军相距较远而且势力相当的情况下，不宜主动挑战。⑮地之道：关于利用地形行军作战的原则。此处指以上所述六种地形情况下的行动特点。

译文

孙武说：地形有『通』、『挂』、『支』、『隘』、『险』、『远』六种。我军可以去，敌军也可以来的地带，就叫做『通』；在『通形』地带，要抢先占据向阳的高地，并保持运粮通道的畅通，这样有利于对敌作战。可以前进而不易返回的地带，就叫做『挂』；在『挂形』地带，如果敌军无防备，就要突然出击战胜他们；如果敌军已有防备，我军出击就难以取胜，这样就很难返回，对我们不利。我军出击不利，敌军出击也不利的地带，就叫做『支』；在『支形』地带，敌军即使以利相诱，我军也不要出击，要带领军队假装退走，引诱敌军出动一半时再回军反击，这样有利。有『隘形』地带，我军如能先占领，要用足够的兵力堵守隘口，以等待敌人来攻。若敌军已先占领隘口，并有足够的兵力据守，我军不可去攻，若敌人并未派足够兵力防守隘口，就可以去攻取。在『险形』地带，若我军先占领，就应该占据向阳的高地，以等待敌人到来；若被敌军先占据，则应率军退去，不可去进攻。在『远形』地带，并且敌我双方势力相当时，则不宜主动挑战，勉强求战，对我方不利。以上六条是利用地形的原则。这是作为将帅者的重大责任，不可不慎重考察研究。

原文

故兵有走者①，有弛者，有陷者，有崩者，有乱者，有北者。凡此六者，非天之灾，将之过也。夫势均，以一击十，曰走②。卒强吏弱，曰弛③。吏强卒弱，曰陷④。大吏怒而不服⑤，遇敌怼而自战⑥，将不知其能，曰崩。将弱不严⑦，教道不明⑧，吏卒无常⑨，陈兵纵横⑩，曰乱。将不能料敌⑪，以少合众，以弱击强，兵无选锋⑫，曰北⑬。凡此六者，败之道也；将之至任，不可不察也。

注释

①兵有走者：这里的『兵』系指败兵，走，败走，奔逃。②夫势均，以一击十，曰走：双方势均力敌的情况下，一方以一击十而失败的，就叫做『走』。③卒强吏弱，曰弛：士卒强悍而军吏懦弱，不能指挥得当，军纪松弛而失败的，就叫做『弛』。④吏强卒弱，曰陷：军吏刚强而士卒怯弱，队伍涣散而失败的，叫做『陷』。⑤大吏怒而不服：偏将怨怒，不服从主将指挥。大吏，小将，偏裨将佐。⑥遇敌怼而自战：遇到敌军时心怀怨愤，擅自率领所部出战。怼，怨恨。⑦将弱不严：将领懦弱无能而军纪不严。⑧教道不明：对部下缺乏教育和训练。⑨吏卒无常：军中下级将佐与士卒不遵法纪、军规。常，常法，军纪。⑩陈兵纵横：出兵列阵横冲直撞，没有章法。⑪将不能料敌：将帅不了解和分析敌情。⑫兵无选锋：不能挑选英勇善战的士卒组成的精锐部队做先锋。《尉缭子·战威》：『武士不选，则

众不强。』⑬北：败，败北。李筌注：『军败为北。』

译文

军队战败可分为『走』、『弛』、『陷』、『崩』、『乱』、『北』六种情况。大凡这六种情况的出现，都不是天灾所造成，而在于将帅自身的过错。在敌我双方势力相当的情况下以一击十而导致战败的，叫做『走』。士卒强悍而将吏懦弱造成的失败，叫做『弛』。将吏强悍而士卒怯弱造成的失败，叫做『陷』。部将愤怒不服从指挥，遇敌而擅自出战，主将又不了解其能力以便控制，这样失败的叫做『崩』。将帅软弱而缺乏威严，训练军队没有章法，吏卒不遵军法军纪，出兵列阵杂乱无章，这样失败的叫做『乱』。将帅不能正确判断敌情，以少击多，以弱击强，没有挑选精锐军队作为先锋，这样失败的叫做『北』。以上六种情况，都必然会导致失败。这些是将帅的重大责任所在，是不可不认真加以研究的。

原文

夫地形者，兵之助也①。料敌制胜②，计险、远近③，上将之道④也。知此而用战者必胜，不知此而用战者必败。故战道⑤必胜，主⑥曰无战⑦，必战可也；战道不胜，主曰必战，无战可也。故进不求名，退不避罪，惟人是保⑧，而利合于主，国之宝也⑨。

注释

①地形者，兵之助也：地形是用兵作战的重要辅助条件。②料敌制胜：准确地分析判断敌情以制定取胜计划。③计险、远近：考察地势的险易虚实，计算道路的远近。④上将之道：高明将领的用兵之道。⑤战道：战争的必然规律。⑥主：国君，君主。⑦无战：不要交战。无，通『毋』。⑧惟人是保：人，民，民众。⑨国之宝也：国家的宝贵财富。

译文

地形是用兵的辅助条件。正确判断分析敌情，制定取胜计划，考察地形险易，计算道路远近，这些是高明的将帅应该掌握的方法。懂得这些道理去指导作战就一定能胜利，不懂得这些道理去指导作战就必然会失败。所以，根据战争自身的规律来看确有必胜把握的，即使君主说不要打，也可以去打；根据战争规律来看不能取胜的，即使君主说要打，也可以不打。作为将帅要进不求战胜的功名，退不回避违抗命令的责任，只求保护民众而符合君主的根本利益，这样的将帅是国家的宝贵人才。

原文

视卒如婴儿①，故可与之赴深溪；视卒如爱子，故可与之俱死。厚而不能使，爱而不能令②，乱而不能治③，譬若骄子，不可用也。

注释

①视卒如婴儿：把士兵们像自己的婴儿一样看待。②厚而不能使，爱而不能令：对士卒只知厚待而不善于使用，只一味溺爱而不知教育。③乱而不能治：发生违犯军纪的混乱情况而不能约束管教。

译文

将帅对待士卒像对待婴儿，士卒就能随将帅一起赴汤蹈火；将帅对待士卒像对待爱子，士卒就能与将帅同生共死。但若对士卒厚养而不善于使用，溺爱而不知教育，违纪而不知惩处，那就好像娇养的子女一样，是不能让他们打仗的。

原文

知吾卒之可以击，而不知敌之不可击，胜之半也①；知敌之可击，而不知吾卒之不可以击，胜之半也；知敌之可击，知吾卒之可以击，而不知地形之不可以战，胜之半也②。故知兵者③，动而不迷④，举而不穷⑤。故曰：知彼知己，胜乃不殆⑥；知天知地，胜乃不穷。

注释

①知吾卒之可以击，而不知敌之不可击，胜之半也：只知道我军方面的情况可以出战，而不了解敌军方面的情况不可出战，胜利与失败的可能性各占一半。②不知地形之不可以战，胜之半也：不了解地形因素不宜出战，即使知

己知彼，胜利的可能性也只有一半。③知兵者：真正通晓用兵之道的将领。④动而不迷：举措不会受迷惑。⑤举而不穷：行动方案变化无穷。⑥胜乃不殆：胜利而不会有危险。

译文

只知道自己的情况可以出战，而不了解敌军的情况不可出战，取胜的可能性只有一半；只知道敌军的情况可以出战，而不了解自己的情况不可出战，取胜的可能性只有一半；既知道敌军的情况可以出战，也知道自己的情况可以出战，而不了解地形条件不利于作战，取胜的可能性也只有一半。因此，懂得用兵之道的将帅，行动不会受迷惑，举措变化无穷。所以说，了解敌人也了解自己，胜利就不会有危险。懂得天时也懂得地利，胜利就会不可穷尽。

经典事例

晋军殽山败强秦

春秋时期，秦穆公不顾上大夫蹇叔和老臣百里奚的再三劝告，不远千里去进攻晋国东面的郑国。这一次东征，秦穆公派百里奚的儿子孟明视、蹇叔的儿子西乞术和白乙丙三人为将。出发前，蹇叔哭着告诫儿子：『我看着你们出发，再也看不到你们回来了。这次远征，晋国人一定在殽山截杀你们。殽山，那南边的山是夏帝皋的坟墓；那北边的山，是周文王避风雨的地方。你一定死在这中间，我到那里收你的尸骨吧。』

孟明视率秦军进入滑国地界向郑国疾进，忽然有人拦住去路，说他是郑国派来的使者，要见秦军主将。孟明视大惊失色，连忙接见『使者』。『使者』说：『我叫弦高，我们的国君听说三位将军要到郑国来，特派我送上四张熟牛皮和十二头肥牛来犒赏贵军将士。』说罢献上熟牛皮和肥牛。

孟明视原来打算去偷袭郑国，现在一听郑国已知道了他们来袭击的消息，只好收下牛皮和肥牛，敷衍了弦高几句，灭掉滑国，班师回国。

其实，弦高不过是个牛贩子，他在滑国遇到孟明视，发现秦军的企图纯属偶然。弦高用计骗得孟明视相信后，连夜派人回郑国报告消息去了。

晋国得知秦军远袭郑国的消息，十分愤怒。如今见秦军无功而返，果然不愿意错过消灭秦军生力军的机会，在东山、西山之间和陵关裂谷两侧的高地设下埋伏，专等秦军进入『口袋』。

公元前627年4月13日，疲惫不堪的秦军从滑国返归本国，抵达殽山。殽山地形险恶，山路崎岖狭窄，特别是东、西殽山之间，人走都很吃力，车马行进更是难上加难。西乞术望着险峻的山岭，不安地对孟明视说：『临出发时，父亲再三警告我，过殽山要小心，说晋人肯定会在这里设下埋伏，消灭我们。我们的队伍拉得太长，再不收拢一些，就很危险了！』孟明视叹道：『我何尝不想这样做？只是道路太窄，做不到啊！』

孟明视率领部队小心地进入山谷，突然，金鼓齐鸣，一支强悍的异族部队率先杀出——原来，这是晋国南部羌戎的兵马，羌戎是晋国的附庸，一直听从晋国的调遣。随后，在晋襄公的亲自指挥下，晋军大将先轸率晋军一涌而出，

以排山倒海之势将秦军分割、包围、消灭，孟明视、白乙丙、西乞术三人都成了晋军的俘虏。

魏颗占地败杜回

晋景公派遣荀林父为主将，魏颗为副将，征伐狄族的潞国（位于西北方的少数民族）。后来恐怕荀林父兵力不足，又亲自率兵驻扎在边境，以备接应。

荀林父和魏颗很快就打败了潞国。荀林父留下魏颗打扫战场，继续打击一些游勇散兵，平定狄地，自己率领少量人马回晋境向晋景公报告。

魏颗平定狄地后，也班师回国。路上，忽然见到前面尘土飞扬，隐天蔽日。前哨很快就来报：秦国大将杜回领军来到。魏颗大吃一惊，一边选取路边一处山坡安营立寨，准备迎战，一边派人飞报晋景公。他十分奇怪：秦军是怎么来到这里的呢？

原来，狄族少数民族诸国，素来与同是西方的秦国交好，秦国正是想借助狄族诸国的力量共同对付晋国。听说晋军兵犯狄境，急遣杜回来救。但他来迟一步，潞国还是被消灭了。杜回大怒，即指挥人马急行军，要赶来与晋军会战，也还让他真的撞上了。他一听说晋军就在前面，立即下令全速前进。晋军刚刚安置好营地，秦军就来到了。

只见领队的秦将杜回牛高马大，打着赤脚站在地上好像铁塔似的，獠牙露齿，虬须卷发，脸如铁钵一样，却蕴含杀机，一对突现的牛眼凶光暴露，钢锤般的铁拳握着一柄百多斤重的开山大斧，活像一尊凶神恶魔。这杜回也是秦国边境少数民族人，是有名的大力士，还在平民百姓时，曾在一天之内，就凭一对铁拳打死五只猛虎，威名大振，秦桓公就是慕名召他从军，并授予将军职的。

当下，杜回见晋军早已严阵以待，他只『哼』了一声，仍然打着赤脚没有用车马，手持大斧，领着他手下也是手持刀斧打着赤脚的三百壮士，大踏步地冲进晋营中，专砍马脚，待骑马的晋兵跌下来，就击杀将兵。晋军上下哪里见过这般打仗的？只见他们眼快手疾杀马夺命，俨然魔怪临凡，凶煞出世，晋军将士吓得惊惶后退，四散逃走。

杜回的两条腿自然比不上战马的四条腿，眼看晋军狼狈逃窜，也不追赶，只是开心地哈哈大笑！

魏颗首阵告败，知杜回非同小可，即严令将士稳守阵营，再不与秦军交战。杜回连日到晋营前挑战，晋军都无人应战，气得哇哇大叫。

晋景公接到魏颗的报告，生怕秦军再与狄人勾结，又派遣了魏颗的弟弟魏绮率领几千精兵来援助魏颗。

魏绮马不停蹄地赶到战场，才下战车，兵甲未卸，就询问战况。魏颗把两军对垒的情况告诉了他之后，特别强调了杜回的英勇无敌。魏绮不以为然地说：『量这杜回也不是神兵天将，只不过是一凡夫俗子，有什么了不起！明天我就去会会他，保证把他打败。』魏颗告诫他不可轻敌。初来乍到的魏绮怎听得进耳！

第二天，杜回再来挑战时，魏绮领着自己带来的几千兵马，出营迎战杜回。

杜回见晋军来势汹汹，一声呼啸，秦军兵马顿时四散分开，纷纷躲避晋军。魏绮也不客气，指挥军队也分散追击

秦军。

杜回见晋军已经分成一个个战斗小队，又一声呼啸，那三百壮士迅速集中起来，跟着杜回，重演故技，大刀阔斧地砍马脚，杀将兵，片刻工夫，魏绮的几千精兵已伤亡过半。

在远处压阵照应的魏颗见大势不妙，立即挥兵杀出接应。凭着人海战术，终于压倒秦军，把魏绮的败兵残将救回来。

之后，任由杜回怎样叫阵挑战，兄弟两人再也不敢轻易应战了。

两战皆败，和秦军又已对峙多日，尚无破敌之策，魏颗闷闷不乐，食不甘味，夜不成眠。这天夜晚，他心事重重地巡过军营，仍无睡意，停步出了营房，在周围漫步，苦思破敌之策，隐约中好像传来砍柴的声音。『半夜三更的，还有谁在砍柴？莫非秦兵诈作樵夫来探听军情？』

他带了几个将士，循声走过去一看，果然是一个樵夫借助朦胧月色，在另一面山坡砍柴。他问：『你是什么人？怎么半夜到这里来砍柴？』

樵夫告诉他：『我是青草坡附近的，因为你们在这里打仗，我白天不能来打柴，就只好晚上来了。惊动了将军，罪该万死。』

『哦！』魏颗沉吟着，忽然心里一动，连忙追问：『你住在青草坡附近？那青草坡是不是一个长满青草的地方，故取名青草坡？』

樵夫说：『是啊，青草坡的草又多又高，有人腰这么高哩。可惜城里人都只买干柴，不买干草，否则，我就不会半夜三更来这里打扰将军了。』

『青草坡离这里有多远？』

『不算很远，大概有十多里地吧。』

『你领我去看看，我给你打柴钱。』

樵夫当即领着他们一行来到青草坡。在朦胧的月色下，只见青草连片，矮的没了膝盖，长的真的齐到人腰。走进去一看，草全是软绵绵的，车马易走，步行却艰难。魏颗高兴地叫了一声『好！』即感叹道：『古人说得好，不知地形者，不能为将用兵呀！』

回到营房，他马上叫来魏绮，连夜商量了一条破敌之计，叫魏绮立即引一路军马到青草坡埋伏，等到秦军全部进入青草坡，就杀出来截断他们的后路；他自己则在天明后，与秦军接战时，把秦军引进青草坡。

随后，他命令全军起动，收拾行装，说是要回原潞国地区，暂避秦军。全军将士欢声雷动。饱餐一顿后，即拔寨启程。

杜回得知晋军『在退回潞国』的消息，马上指挥全军追击，很快就追上晋军。魏颗回马与他相斗数回合，即往青

草坡方向退走。杜回和他的三百壮士虽然没有车马，但凭一对赤脚，走得飞快，硬是把晋军追得紧紧的。魏颗心中暗喜，有意时快时慢地引诱着秦军，越接近青草坡，就走得越慢，让杜回追得更近。

青草坡在即了！魏颗又回车等着杜回，与他再大战十数回合，即调头催车直冲进青草坡。青草坡周边的青草，还仅仅是齐膝高。杜回追进去，也没觉得什么不妥。魏颗走走停停，把个杜回追得心火躁动，越发追得快跟得紧，脚下的草尽管越来越缠脚，也不太在意。

眼看已进入坡腹了，青草越来越高，杜回被青草绊脚，步履维艰。魏颗见时机成熟了，立即下令放炮。随着一声巨响，魏绮的伏兵从秦军后面杀了出来。魏颗也即指挥大军回头与秦军正面接战，秦军顿时前后受敌。

杜回也不愧是勇士，抡着那柄开山大斧，横冲直撞，挡其斧者不死即重伤。只是他的三百壮士可没有他那样威风，脚下被长的青草绊得跌跌撞撞的，很快就被晋兵或杀死或活捉了。

眼见自己的部下一个个减少，脚上又被青草缠绕得无法大步动作，杜回越加愤怒。魏颗也仍然是且战且退，直把他引进青草齐腰的地方，杜回简直寸步难行了，一步三晃的。魏颗见状，立即回马，再战杜回。魏绮也来到了，兄弟两人对杜回前后夹击，双戟齐搠，杜回被搠翻地下，兄弟两人同时下车把他活活生擒了。主将被捉，秦军即四散逃命，那三百壮士剩下的也寥寥无几了。

战争结束后，魏颗觉得杜回这人勇猛非常，留下来是个祸根，把他杀死了。

魏颗是全凭地形的优势，才打败杜回的（青草坡长长的青草是杜回步战的致命伤）。

项燕待机败李信

公元前225年春，秦将李信与蒙恬率二十万大军开始讨伐楚国。李信认为，当秦军采取进攻行动后，楚军必定将大部兵力调到汝水两岸（今河南淮阳、商水、上蔡县一带）的边界线与秦军决战。因此，决心从两翼以钳形攻击的战法歼灭楚军。其部署：以部分兵力沿汝水两岸前进，作正面进攻；以主要兵力由汝水以南地域，沿舞阳、平舆（今河南汝南县）、新蔡迂回到楚军的左翼，与正面进攻的部队会合于城父（今安徽太和县），以灭楚军。

楚将项燕认为，在平原对处于优势的秦军作战，要力避被敌包围，才有主动。其部署：主要兵力集中于寿春以北的淮河北岸，在秦军深入时，待机反攻。

公元前225年春，李信按其战前决心把兵力集中在颍川都（秦时地名，辖今河南许昌、襄城、舞阳、郾城）尔后分为二路进发，一路由蒙恬率领沿汝水向陈邑（今河南淮阳县）、商水前进；一路由李信率领向汝水以南地区迂回，沿舞阳、平舆、新蔡前进，准备与蒙恬军会合于城父。两路军在前进中击败沿途的小股楚军，蒙恬军到达寝（今河南沈丘县东），李信军到达平舆。李信见秦军没有受到楚军的重大抵抗，便随意改变城父会师计划，率轻兵继续东进。他渡过洪河（淮河支流，在淮滨、新蔡以北），攻克颍邑（今安徽颍上），脱离蒙恬，孤军深入，形成二路大军前后分离的态势。

此时楚将项燕见李信孤军深入，乘机指挥集中在淮河北岸的主力军向李信实施反攻。李信军突然遭到楚军主力的反攻，措手不及，乱成一团。在楚军的猛烈攻击下，秦军大败，李信率残部退到城父会合蒙恬军，再退至陈邑，构筑垒墙、堡寨抵御楚军。楚军得胜，军威大振，连续三天三夜追到陈邑，又向秦军猛烈攻击，连破二道壁垒，杀死秦军七名都尉，秦军损失惨重，李信不得不率残部逃回秦国。

李信是秦国年轻有为的将领，立过不少战功。当秦始皇询问灭楚需多少兵时，李信回答二十万足够，王翦回答需六十万。实践证明李信犯了主观主义错误。李信受命后，没有很好侦察，自认为当秦军发起进攻后，楚军主力将会部署在汝水两岸的楚秦交界处，但实际上，楚军主力却部署在寿春以北的淮河北岸地区。李信依据主观猜想的敌情，确定兵力部署和打法，尽管采取了所谓的钳形攻击，实施所谓的迂回包围，但却因敌情不是李信想象的那样，这一切都成了空忙。作战中，秦军进展顺利是因为楚军在收缩兵力，诱敌深入，而李信又片面地认为楚军不堪一击。基于这种一厢情愿的判断，李信随即改变了城父会师的计划，轻兵冒进，形成前后两个孤立的集团，结果被楚军击败。

赵奢用计退秦兵

战国时期，秦国进攻韩国，军队已达阏与城下。韩国向赵国求救。赵王召请廉颇，问：『可不可以派兵救援韩国？』廉颇说：『通阏与的道路甚远，而且狭窄，很难解决韩国的燃眉之急。』赵王又召乐乘问及此事，回答也是一样。赵王又召问赵奢，赵奢说：『距离遥远，道路险恶、狭窄，这就如同两只老鼠在洞内打架，哪个勇敢就会胜利。』于是，赵王命赵奢率兵增援韩国。赵奢的部队只离开都城三十里就不再前进，在此安营扎寨，赵奢并向部队宣布：『有对军事行动进谏，就处死。』这时秦军已达武安以西，有人向赵奢进谏，立即把他处死了。驻守此地已经二十八天，而且增加了防备设施。秦国的间谍混入赵营。赵奢还请他吃了一顿好饭，放他回去。间谍把这些情报送给秦将。秦将大喜，说：『赵军只离开都城30里就不再前进，而且增修营寨，这就是因为阏与不是赵国的地盘。』赵奢送走秦国间谍后，便命令部队迅速拔营前进，两天一夜就到达阏与附近。秦国发现这一情况，迅速派大军赶到这里。这时，赵的军士许历进谏，赵奢把他召进帐内。许历说：『秦军意料不到我们会来这里。他们发现已向我们扑来，形势严峻。将军必须安排各种将士，做好战前准备，严阵以待，否则必败。』赵奢说：『我诚心接受你的建议。』许历说：『你就处罚我吧！』赵奢说：『战后回邯郸再做处理吧！』许历又献计说：『先占领阏与北的山地才会胜利，否则就要失败。』赵奢说：『很好！』随即派一万多将士向北山急行。秦军发现这个情况也派兵向北山进发，但迟了一步，武力争夺又攻不上去。赵奢命令赵军攻击，秦军惨败，从而解除了秦军的阏与之围。

卷十一 九地篇

原文

孙子曰：用兵之法，有散地，有轻地，有争地，有交地，有衢地，有重地，有圮地，有围地，有死地。诸侯自战之地，为散地①。入人之地而不深者，为轻地②。我得则利，彼得亦利者，为争地③。我可以往，彼可以来者，为交地④。诸侯之地三属⑤，先至而得天下之众者，为衢地⑥。入人之地深，背城邑多者，为重地⑦。行山林、险阻、沮泽，凡难行之道者，为圮地⑧。所由入者隘，所从归者迂，彼寡可以击吾之众者，为围地⑨。疾战则存，不疾战则亡者，为死地⑩。是故散地则无战⑪，轻地则无止⑫，争地则无攻⑬，交地则无绝⑭，衢地则合交⑮，重地则掠⑯，圮地则行⑰，围地则谋⑱，死地则战⑲。

注释

①诸侯自战之地，为散地：战争如在诸侯自己的领土上进行，因战场离家较近，士卒在遇到危急时容易溃散逃亡，所以叫做『散地』。②入人之地而不深者，为轻地：军队在进入敌方境内不远的地区作战，由于士卒离本土不远，遇有危害可轻易逃亡返回，所以叫做『轻地』。③我得则利，彼得亦利者，为争地：敌我双方谁先占领谁就有利的必争要地。④我可以往，彼可以来者，为交地：地势平坦、交通便利的地区叫做『交地』，这样的地方敌我双方都可以往来。⑤诸侯之地三属：敌我双方与其他诸侯国相连之地。⑥先至而得天下之众者，为衢地：先到达的一方就能

得到周边诸侯的帮助，这样的地带叫做『衢地』。⑦入人之地深，背城邑多者，为重地：深入敌国境内，越过许多敌方的城镇的地区，叫做『重地』。⑧行山林、险阻、沮泽，凡难行之道者，为圮地：山林、险要隘路、水网地、湖泊沼泽等难以通行的地带，叫做『圮地』。⑨围地：所由进入的道路狭窄，退回的道路迂远，敌军以少数兵力即可战胜我军的地带，叫做『围地』。⑩死地：只有极力拼搏才能生存，不奋勇作战就面临绝路的地带，叫做『死地』。⑪散地则无战：在『散地』上不宜交战。然此说不可绝对。⑫轻地则无止：军队在『轻地』上不可停留。⑬争地则无攻：在敌我双方必争之地，应抢先占领，如敌人已先占领，就不可再强行攻取。⑭交地则无绝：军队在『交地』要做到各部之间相互策应，保持联系。⑮衢地则合交：在交通便利的『衢地』上要加强与周围诸侯国的外交活动，以结外援，孤立敌军。⑯重地则掠：深入敌方的『重地』，要征服当地的粮草物资以供给自己的军队，这是『因粮于敌』的理论。⑰圮地则行：遇到『圮地』应该设法迅速通过。⑱围地则谋：在『围地』中必须善于运用奇谋以摆脱被动局面。⑲死地则战：在『疾战则存，不疾战则亡』的死地，必须拼死作战以求脱险。

译文

孙武说：根据用兵原则，作战的地区可分为散地、轻地、争地、交地、衢地、重地、圮地、围地、死地九类。诸侯在自己国土上作战，这样的地区叫做『散地』。进入敌国领土不远的地区，叫做『轻地』。我军先占领有利，敌军先占领也有利的地区，叫做『争地』。我军可以往，敌军也可以来的地区，叫做『交地』。敌我与其他诸侯国相

接壤，先到达就能够得到各诸侯国支援的地区，叫做『衢地』。深入敌国境内，越过许多敌方城邑的地区，叫做『重地』。山林、险阻、沼泽等难以通行的地区，叫做『圮地』。进入的道路狭窄，退回的道路迂远，敌军能以少量兵力击败我军多数兵力的地区，叫做『围地』。迅速奋力作战就能生存，不迅速奋力作战就会消灭的地区，叫做『死地』。所以，在『散地』上不宜作战，在『轻地』上不宜停留，在『争地』不要在敌人先占领的情况下强行进攻。在『交地』要保持各部之间的联系。在『衢地』要结交诸侯以为援助。在『重地』应夺取粮草物资，因粮于敌。在『圮地』应迅速通过。在『围地』要善于设奇谋以求脱险。在『死地』应奋勇作战，死里求生。

原文

所谓古之善用兵者，能使敌人前后不相及①，众寡不相恃②，贵贱不相救③，上下不相收④，卒离而不集⑤，兵合而不齐⑥。合于利而动，不合于利而止⑦。敢问：『敌众整而将来⑧，待之若何？』曰：『先夺其所爱，则听矣⑨。』兵之情主速⑩，乘人之不及⑪，由不虞之道⑫，攻其所不戒也⑬。

注释

①前后不相及：前后部队不能相互策应。及：顾及，照应。②众寡不相恃：主力部队与小分队之间无法相互依靠，协同作战。众，此处指主力部队。寡，此处指小分队。③贵贱不相救：贵贱，身份高贵和卑微的人，此处分别指将官和士卒。官兵之间不能相互救应。④上下不相收：由于军队建制被打乱，上下级之间失去联系，不能集结。收：

聚集，收拢。《太平御览》作『上下不相扶』。⑤卒离而不集：士卒离散杂乱不能聚集。⑥兵合而不齐：即使士卒集合起来也不能做到整齐统一。⑦合于利而动，不合于利而止：符合于我军利益的就可采取相应行动，不符合于我军利益的则停止行动。⑧敌众整而将来：如果敌军数量众多而且队伍整齐地攻来。汉简本作『敌众以正将来』。⑨先夺其所爱，则听矣：应首先夺取敌军所赖以生存的要害之处，敌人就会不得不听从我军的摆布了。爱，此处指关键部位、要害所在。听，顺从。⑩兵之情主速：用兵的要诀重在迅速。情，主旨。⑪乘人之不及：乘敌人措手不及的时候。⑫由不虞之道：从敌人意料不到的路径通过。不虞，意料不到。⑬攻其所不戒也：进攻敌人不加戒备的地方。戒，戒备，守备。

译文

所谓从前善于用兵的人，能使敌人的前后各部无法互相策应，主力部队与小分队不能互相依恃，官兵之间不能互相救援，上下隔绝而无法聚集，即使勉强聚集阵形也不整齐。我军应坚持有利而动，无利则停的原则。如果要问：『敌军人数众多并且阵势严重地攻来，应该怎样对付它呢？』回答是：『首先夺取敌人的要害之处，就能使它不得不听从我军的摆布了。』用兵的要诀是贵在神速，乘敌人猝不及防的时机，走敌人意想不到的道路，进攻敌人不加戒备的地方。

原文

凡为客之道①，深入则专②，主人不克③；掠于饶野④，三军足食；谨养而勿劳，并气积力⑤；运兵计谋，为不可测⑥。投之无所往⑦，死且不北。死焉不得⑧，士人尽力。兵士甚陷则不惧⑨，无所往则固⑩，深入则拘⑪，不得已则斗⑫。是故其兵不修而戒⑬，不求而得，不约而亲⑭，不命而信⑮。禁祥去疑⑯，至死无所之⑰。吾士无余财，非恶货也⑱；无余命，非恶寿也⑲。令发之日，士卒坐者涕沾襟⑳，偃卧者涕交颐㉑，投之无所往者，诸、刿之勇㉒也。

注释

①为客之道：离开本土进入敌国境内作战的原则。客，客军，即离开本国到敌境内作战的军队。②深入则专：深入到敌国境内，士卒无法轻易逃散，就会专心一致地作战。③主人不克：在本国领土作战的一方就无法战胜客军。主人，在本国境内作战的军队。克，战胜。④掠于饶野：在敌国富饶的田野上夺取粮草，即『因粮于敌。』⑤谨养而勿劳，并气积力：利用作战间隙休整兵力，不可使队伍过分疲劳，提高士卒斗志，积蓄作战锐气。⑥运兵计谋，为不可测：调动军队，设谋定计，使敌人难以判断。测，推测，判断。⑦投之无所注：把军队放在无路可走的绝境。投，投置，置于。⑧死焉不得：士卒死都置之度外，还有什么不能做到呢？⑨兵士甚陷则不惧：兵士们越是深陷危险的境地，反而不再恐惧了。⑩无所往则固：在无路可走的情况下军心就会稳定。⑪深入则拘：深入敌方境内，军心就会专一而不散漫。⑫不得已则斗：到了万不得已的时候就会殊死拼斗。⑬其兵不修而戒：军队不用整治督导就会主动加强

戒备。⑭不约而亲：不用故意去约束就会自然亲密团结。⑮不命而信：不须严命就能遵守纪律。信，信从，服从。⑯禁祥去疑：禁止迷信活动，消除谣言疑虑。祥，妖祥，占卜等迷信活动。⑰至死无所之：直到战死也不会逃避。之，往。⑱吾士无余财，非恶货也：我们的将士没有多余的财物，并非不喜爱财物。恶，厌恶。货，财货，财物。⑲无余命，非恶寿也：没有多余的命（不怕死战），并非不爱惜生命，不想长寿。寿，寿命，长寿。⑳令发之日，士卒坐者涕沾襟：颁布军令的时候，坐着的士卒涕泪沾湿了衣襟。涕，眼泪。襟，衣襟。㉑偃卧者涕交颐：躺着的士卒泪流满面。偃，躺倒。颐，面颊。㉒诸、刿之勇：像专诸与曹刿一样英勇无畏。诸，专诸，春秋时吴国勇士。公元前515年，被伍子胥推荐，在吴公子光（即后来的吴王阖闾）为吴王僚特设的宴席上，从鱼腹中取出暗藏的短剑刺杀吴王僚，当吴王卫士用长矛刺中他的背部时，他仍奋力把吴王僚杀死。为公子光取代吴王僚而自立为吴王立了首功。刿，曹刿，又名曹沫，春秋时鲁国武士。鲁庄公十年（前684年），随鲁庄公与齐军战于长勺，大胜。齐、鲁两国在柯（今山东东阿）会盟时，曹刿持剑相从，劫持齐桓公订立盟约，收回鲁国失地。此处把这两人作为勇士的典范。

译文

大凡在敌国境内作战的通常原则是：越是深入敌境，军心就越是稳固，敌人无法战胜我们。在敌国丰饶的田野里夺取粮秣，以保障全军有足够的给养供应。休整队伍，不要使之过分疲劳。提高士气，积蓄力量，部署兵力，巧设计谋，使敌人无法了解我军的意图。把军队置于无路可走的绝境，士卒就能虽死而不败还。既然士卒连死都不怕，又怎

么能不殊死作战呢？士卒深陷于危险境地，就不再感到恐惧。没有退路可走，军心就会稳定。深入敌国境内，队伍就不易涣散。在迫不得已的时候，就会坚决战斗。因此，这样的军队不须整治就会加强戒备，不待强求就能完成任务，不用约束就能亲附一致，不用申令就能遵守军纪。禁止迷信活动，消除谣言疑虑，士卒至死也不会逃避。将士们没有多余的财物，并不是他们厌恶钱财；将生死置之度外，也并不是他们不想长寿。当战令颁布的时候，坐着的士兵泪湿衣襟，躺着的士兵泪流面颊。把军队置于无路可走的绝境，他们就会像专诸、曹刿那样英勇无畏。

原文

故善用兵者，譬如率然①；率然者，常山②之蛇也。击其首则尾至，击其尾则首至，击其中则首尾俱至。敢问：『兵可使如率然乎？』曰：『可。』夫吴人与越人相恶也，当其同舟而济，遇风，其相救也如左右手。是故方马埋轮，未足恃也③；齐勇若一，政之道也④；刚柔皆得，地之理也⑤。故善用兵者，携手若使一人⑥，不得已也。

注释

①率然：古代传说中的一种蛇的名字。据《神异经·西荒经》：『西方山中有蛇，头尾差大，有色五彩。人、物触之者，中头则尾至，中尾则头至，中腰则头尾并至，名曰率然。』②常山：即恒山。汉简本作『恒山』。在山西浑源南，为五岳中之北岳。西汉为避汉文帝刘恒之讳，改称『常山』。北周武帝时复称恒山。③方马埋轮，未足恃也：把马并排拴在一起，把车轮埋住，想以此来防止士卒逃跑，是靠不住。方，并列，此处指系在一起。④齐勇若一，

政之道也：要使士卒齐心协力奋勇作战，才是治军的原则。政，此处指治理、管理。⑤刚柔皆得，地之理也：让强者和弱者都能各尽其力，关键在于恰当地利用地形。⑥携手若使一人：使全军携手作战像一个人一样协调。携手，拉着手。

译文

所以善于用兵的人，能使军队灵活自如像『率然』一样。『率然』是生在常山的一种蛇，打着它的头部，它的尾巴就来救应；打着它的尾巴，头部就来救应；打着它的中间部位，头尾都来救应。如果要问：『能让军队像「率然」一样吗？』回答是：『可以。』吴国人与越国人虽是互相仇视，但是当他们同船渡河时遇上大风，也能互相救援，配合得像人的左右手一样。因此，想用把马并排绑在一起、埋住车轮的办法来稳定住军队，那是靠不住的。要使全军上下齐心协力奋勇作战，重要的是组织指挥得法。要使强弱不同的士卒都能发挥各自的作用，关键在于恰如其分地利用地形。所以善于指挥作战的人，能使全军携手像一个人一样，是因为使军队处于不得不这样的境地中。

原文

将军之事①，静以幽②，正以治③。能愚士卒之耳目，使之无知④；易其事，革其谋，使人无识⑤；易其居，迂其途，使人不得虑⑥。帅与之期，如登高而去其梯⑦。帅与之深入诸侯之地，而发其机⑧，焚舟破釜⑨，若驱群羊，驱而往，驱而来，莫知所之。聚三军之众，投之于险，此谓将军之事也。九地之变，屈伸之利⑩，人情之理，不可不察。

注释

①将军之事：统率军队作战的事。将，用作动词，『指挥、统率』之意。②静以幽：沉着冷静而幽深莫测。③正以治：严正而有条理。④能愚士卒之耳目，使之无知：对于作战意图，不能让士卒了解真情。⑤易其事，革其谋，使人无识：改变行动，更新计谋，让别人不能识破内情。易，改变。革，变更，改变。⑥易其居，迂其途，使人不得虑：变动驻军位置，进军路线迂回，使人们无法得知其意图。迂，迂回。虑，图谋。⑦帅与之期，如登高而去其梯：主帅向部队授予作战任务时，要如同使人登高然后抽去梯子一样，断绝其归路，使士卒们义无反顾地前进。⑧帅与之深入诸侯之地，而发其机：主帅率领军队深入敌国境内，要像击发弩机而射出箭矢一样勇往直前。机，弩机。⑨焚舟破釜：烧毁渡江的船只，打破做饭的炊具，即破釜沉舟，以示决一死战。⑩九地之变，屈伸之利：对各种地形条件下的应变位置，根据实际情况使军队屈伸自如。

译文

统率军队的事情，设谋定计要沉着冷静而幽深莫测，治理军务要严正而有条不紊。要瞒过士卒的耳目，让他们对军事计划不知底细；改变行动，更新计谋，使别人无从识破内情；变动驻军位置，进军路线迂回，使人们不能推断行动意图。将帅向军队授予作战任务时，要如同使人登高然后抽去梯子一样，断绝其归路，使部队义无返顾地前进。主帅带领军队深入敌国境内，要像击发弩机而射出箭矢一样一往无前。烧毁船只，打破炊具，以示决一死战的意志。对士卒像驱赶羊群一样，赶过去又赶过来，让他们不知要到哪里去。聚集全军士卒，置于危险的境地，这就是指挥作战的要务。对各种地形条件下的应变处置，根据情况使军队屈伸自如，掌握官兵们的心理变化，这些都是不可不认真研究和仔细考察的。

原文

凡为客之道，深则专，浅则散①。去国越境而师者，绝地也②；四达者，衢地也；入深者，重地也；入浅者，轻地也；背固前隘者，围地也③；无所往者，死地也。是故散地，吾将一其志④；轻地，吾将使之属；争地，吾将趋其后⑥；交地，吾将谨其守⑦；衢地，吾将固其结⑧；重地，吾将继其食⑨；圮地，吾将进其涂⑩；围地，吾将塞其阙⑪；死地，吾将示之以不活⑫。故兵之情，围则御⑬，不得已则斗，过则从⑭。

注释

①深则专，浅则散：在敌国境内作战，深入就会士卒专心一致，浅进则士卒容易离散。②去国越境而师者，绝地也：离开本土，跨越别国边界进入敌境作战的，就是进入了『绝地』。③背固前隘者，围地也：背后地势险要而前面进路狭隘，前进困难而后退受阻的地区，叫做围地。④散地，吾将一其志：在『散地』作战，我军要做到上下统一意志。一，统一。⑤轻地，吾将将之属：在『轻地』作战，要使自己的部队部署连贯。属，连接。⑥争地，吾将趋其后：在『争地』作战，要迅速前进，抄到敌军的后面。⑦交地，吾将谨其守：在我可以往、敌可以来的『交地』，要

严密戒备，谨慎守卫。⑧衢地，吾将固其结：在『衢地』用兵，要巩固与周围诸侯国的结盟。⑨重地，吾将继其食：在『重地』，要注意保障粮草给养的补充。⑩圮地，吾将进其涂：在『圮地』行军，应该迅速通过。⑪围地，吾将塞其阙：陷于『围地』，要堵塞缺口，使士卒杜绝幻想，不得不拼死而战。阙，缺口。⑫死地，吾将示之以不活：在『死地』作战，要向军队及敌人表示死战的决心。示，表示，宣示。⑬兵之情，围则御：士卒们的心理状态是，被包围就要奋起抵抗。⑭过则从：陷入危险境地的士卒就会服从指挥。过，此处指深陷危境。从，服从，听从。

译文

大凡进入敌国境内作战的原则是：进入敌国境内越深，军队就越是稳固团结；进入敌国境内越浅，军队就越容易涣散。离开本国，跨越边界进入敌国境内作战的，叫做进入了『绝地』；交通便利的地区叫做『衢地』；进入敌国境内深的地区叫做『重地』；进入敌国境内浅的地区叫做『轻地』；背后有险阻前面是狭路的地区叫做『围地』；无处可走的地区叫做『死地』。因此，在『散地』上作战，我军要做到上下统一意志。在『轻地』作战，要使自己的军队部署连贯。在『争地』作战，要迅速抄到敌军的后面。在『交地』，要严密戒备，谨慎守卫。在『衢地』，要巩固与周围诸侯国的结盟。在『重地』，要注意保障粮草给养的补充。在『圮地』行军，必须迅速通过。陷于『围地』，要堵塞缺口。在『死地』，要表示死战的决心。士卒们的心理状态是，被包围就要奋起抵抗，迫不得已就会拼死战斗，陷入危险境地就会服从指挥。

原文

是故不知诸侯之谋者，不能预交；不知山林、险阻、沮泽之形者，不能行军；不用乡导者，不能得地利①。四五者，不知一，非霸王之兵②也。夫霸王之兵，伐大国，则其众不得聚③；威加于敌，则其交不得合④。是故不争天下之交⑤，不养天下之权⑥，信己之私⑦，威加于敌，故其城可拔，其国可隳⑧。施无法之赏⑨，悬无政之令⑩，犯三军之众⑪，若使一人。犯之以事，勿告以言⑫；犯之以利，勿告以害⑬。投之亡地然后存，陷之死地然后生⑭。夫众陷于害，然后能为胜败⑮。故为兵之事，在于顺详敌之意⑯，并敌一向，千里杀将⑰，此谓巧能成事者也。

注释

①首句至『不能得地利』：与卷七《军争篇》中相同。或认为衍文。但曹操等注家认为是有意重复。②四五者，不知一，非霸王之兵：九地的利害，有一不知，就不能成为霸者、王者的军队。霸，称霸诸侯的强国。王，号令天下的共主。汉简本『霸王』作『王霸』。③其众不得聚：被进攻的国家来不及动员集中民众。④威加于敌，则其交不得合：以强大的声威加之于敌人，使各诸侯国不敢与之结成联盟。⑤不争天下之交：不必争着与其他国家结交为盟。《太平御览》作『不事天下之交』。⑥不养天下之权：不必在别的国家中培植自己的势力。养，培养，培植。⑦信己之私：应当施展自己的战略意图。信，通『伸』，伸展。私，自己的意图。⑧威加于敌，故其城可拔，其国可隳：将兵威施加于敌国，就能够攻占敌人的城邑，摧毁敌人的国都。拔，攻占。国，都城，国都。隳，通『毁』，摧毁。⑨

施无法之赏：实行法外之赏，即超出惯例规定的奖赏。无法，不合于常法。⑩悬无政之令：颁行政外之令，即打破常规的命令。悬，此处意为颁布。无政，不合于常规。⑪犯三军之众：指挥全军上下行动。犯，此处指使用、驱使。⑫犯之以事，勿告以言：让士卒去执行任务，但不要告诉他们这样做的意图。⑬犯之以利，勿告以害：让士卒执行任务时，只可告诉他们有利的方面，而不要告诉有害的方面。⑭投之亡地然后存，陷之死地然后生：把军队置于危亡之处，反而能够保存；使士卒陷入死绝之地，反而可以得生。⑮众陷于害，然后能为胜败：将军队放在险恶的境地中，然后才能决定胜败。⑯为兵之事，在于顺详敌之意：指挥作战，在于谨慎地考察敌军的意图。顺，通『慎』，谨慎。详，详细考察。或以『详』为『佯』，全句解作『佯顺敌之意』。⑰并敌一向，千里杀将：集中兵力向敌人的一点进攻，长驱千里，擒杀敌将。

译文

因此，不了解各诸侯国的战略意图，就不能与其结交；不熟悉山林、险阻、沼泽等地形，就不能行军；不使用向导，就不能得地利。这些利害关系，有一方面不了解，都不能成为争霸称王者的军队。凡是争霸称王者的军队，攻伐敌国时，可使被进攻的国家来不及动员集中民众；以强大的声势加于敌国，可使各诸侯国不敢与之结成联盟。因此，没有必要去争着与其他诸侯结交为盟，也没有必要在其他国家培植自己的势力。只要施展自己的作战意图，把兵威加之于敌，就能够攻取敌人的城邑，毁灭敌国的都城。实行超出惯例规定的奖赏，颁发不拘常规的军令，指挥调动全军就像指挥一个人一样。让部下执行任务，而不要告诉其中的意图。使用兵力，只告知他们有利的方面，而不要说明有害的方面。把士卒置于危地，才能保全；把士卒陷于死地，才能生存。军队陷于危险的境地，然后能夺取胜利。所以，指挥作战，在于审慎地考察敌人的意图。集中兵力向敌人的一点进攻，这样可以长驱千里，擒杀敌将。这就是所谓巧妙运谋以达到预期作战目的。

原文

是故政举之日①，夷关折符②，无通其使③；厉于廊庙之上，以诛其事④。敌人开阖，必亟入之⑤。先其所爱⑥，微与之期⑦。践墨随敌⑧，以决战事。是故始如处女，敌人开户⑨，后如脱兔，敌不及拒⑩。

注释

①政举之日：决定进行战争行动的时候。政，此处指军政大事。《左传》：『国之大事，在祀与戎。』举，举措，决断。②夷关折符：封锁关口，废除通行符志。杜绝边境双方居民来往。夷，夷平，此处指封闭，封锁。符，符志，证件。③无通其使：不许敌国的使节来往。使，使节，使臣。④厉于廊庙之上，以诛其事：在庙堂之上认真研究，以决定战争行动方案。厉，通『砺』，此处指反复推敲、琢磨。廊庙，即庙堂，此处借指国家最高决策机构。诛，即治，此处指商议决定。⑤敌人开阖，必亟入之：敌人如有可乘之机，必须急速乘隙而入。阖，门扇。⑥先其所爱：首先夺取敌人最看重的关键地方。爱，珍爱，此处指关键、要害。⑦微与之期：微，没有，此处作『勿』字解。

不要和敌人约定交战日期。⑧践墨随敌：不要墨守成规，而应随敌情变化需要决定作战方案。践，通『划』，除。墨，墨守成规。一说践墨即遵循法度。⑨始如处女，敌人开户：开始时要像处女一样沉静，不露声色，以诱使敌人放松戒备。开户，开门，此处指放松戒备，露出空隙。⑩后如脱兔，敌不及拒：在敌人『启隙』之后，要像脱逃的兔子那样迅疾采取行动，使敌人来不及抵抗。脱兔，脱逃的兔子。

译文

因此在制定战争计划的时候，就要封锁关口，废除通行凭证，停止和敌国的使臣来往，在庙堂之上反复筹划，决定战略方案。发现敌人方面有隙可乘，就应迅速乘机而入。首先要夺取对方的战略要地，但不要与敌人约期交战。不可墨守成规，应随敌情变化决定行动。所以，战事开始之前要像处女一样沉静而不露声色，以使敌人放松戒备。然后则像脱逃的野兔一样迅疾行动，使敌人来不及抵抗。

经典事例

伐交伐谋战城濮

公元前632年的晋楚城濮之战，是春秋时期晋、楚两个诸侯国争霸中原的一次战争。在这场战争之初，楚国的实力强于晋国，而且楚国有许多盟国，声势浩大。城濮之战以楚国出兵攻宋，宋成公派人来晋求救为引子展开。但晋国并不靠近宋国，远道救宋，必须经过楚国的盟国曹、卫，形势于晋不利。可是，晋军制订了正确的战略战术，运

用谋略争取了齐、秦两个大国的援助，取得了『伐交』、『伐谋』方面的优势，最终击败了楚军，争得了中原霸主的地位。

春秋时期，地处江汉之间的楚国日益强盛，它控制了西南和东面的许多小国和部落。在楚文王时期，楚国开始北上向黄河流域发展，攻占了申（今河南南阳北）、息（今河南息县西南）、邓（今河南漯河市东南）等地，并使蔡国屈服，楚乘齐桓公死后，齐自内乱，霸业衰落之机乘势向黄河流域扩展，控制了鲁、宋、郑、陈、蔡、许、曹、卫等小国，公元前638年，楚王在泓水之战中打败了宋襄公，开始向中原发展，期望成就霸业。

正当楚国图谋中原称霸之时，在今天的山西西南的晋国也逐渐强盛起来。公元前636年，流亡在外十九年的晋公子重耳在秦国的帮助下回国即位，称晋文公，晋文公即位后，实施一些改革措施和外交活动，逐步具备了争夺中原霸权的强大实力。

早在晋文公即位的那年，周襄王遭到他兄弟勾结狄人的攻击，王位被夺，文公及时抓住了这个尊王好机会，平定了周室的内乱，护送周襄王回到洛邑。襄王以文公助王有功，便赐以阳樊、温（今河南温县西）、原（今河南济源西北）等地。晋文公遂命赵衰为原大夫，狐溱为温大夫，管理这一对争霸中原有战略意义的地区。由于晋文公抓住了『尊王』这块招牌，在诸侯中的地位大大提高。晋国势力的迅速发展，引起了楚国的不安。楚国急于想阻止晋国的进一步向南发展，而晋国要想夺取中原霸权，就非同楚国较量不可。因此，晋、楚之间的矛盾日益尖锐起来。

公元前634年，鲁国因和莒、卫两国结盟，几次遭到齐国的进攻，便向楚国请求援助。而宋国因在泓水之战中被楚国击败，襄公受伤而死，不甘心对楚国屈服，看到晋文公即位后晋国实力日增，也就转而投靠晋国。楚国为了保持其中原的优势地位，便出兵攻打齐、宋，并借以制止晋国的向南扩展。晋国也正好利用这一机会，以救宋为名，出兵中原。这样，晋楚两国的军事交锋便不可避免的发生了。

公元前633年冬，楚成王率领楚、郑、陈、蔡等多国军队进攻宋国，围困宋都商丘。宋国的公孙固到晋国告急求援。于是文公和群臣商量是否出兵及如何救宋。大夫先轸力劝晋文公出兵救宋，他认为，救宋既能够『取威定霸，』又报答了以前晋文公流亡到宋国时，宋君赠送车马的恩惠。但是宋国不靠近晋国，劳师远征救宋，必须经过楚国的盟国曹、卫；而且楚军实力强大，正面交锋也恐怕难以取胜。晋国的狐偃针对这一情况，建议晋文公先攻曹、卫两国，那时楚国必定移兵相救，那样宋之围便可解除。晋文公采纳了这一建议。尽管如此，晋国感到真正的敌人是楚，要对付如此强大的敌人，必须做好充分的准备。晋国按照大国的标准，扩充了军队，任命了一批比较优秀的贵族官吏出任军队的将领。

经过一段时间的准备，晋文公于公元前632年1月，将军队集中在亚国和卫国的边境上，借口当年曹共公侮辱过他，要求借道卫国进攻曹国，遭到卫国拒绝。晋文公迅速把军队调回，绕道从现河南汲县南黄河渡口过河，出其不意地直捣卫境，先后攻占了五鹿及卫都楚丘，占领了整个卫地。晋军接着又向曹国发起了攻击，三月间，攻克了曹国都城陶丘（今山东定陶），俘虏了曹国国君曹共公。

晋军攻占了曹、卫两国，但楚国却依然用全力围攻宋都商丘，宋国又派门尹般向晋告急求救。晋文公开始感到左右为难了。不出兵救宋吧，宋国国力不支，一定会降楚绝晋；出兵吧，自己兵力单薄，没有必胜的把握，况且直接与楚发生冲突，会有忘恩负义之名。（文公当初流亡路过楚国时，楚成王招待他非常周到，不仅留他住了几个月，最后还派人护送他到秦国。）这时，先轸分析了楚与秦、齐两国的矛盾，建议让宋国表面上同晋国疏远，然后由宋国出面，送一份厚礼给齐、秦两国，由他们去请求楚国撤兵，晋国则把曹共公扣押起来，把曹、卫的土地赠送给宋国一部分。楚国同曹、卫本是结盟的，看到曹、卫的土地为宋所占，必定会拒绝齐、秦的劝解。这样楚国就将触怒齐、秦，他们就会站在晋国一边，出兵与楚作战。晋文公对此计十分赞赏，且马上施行。楚国果然上当中计，拒绝了秦、齐的调停。而齐、秦见楚国不听劝解，大为恼怒，便出兵助晋。齐、秦的加盟，使晋、楚双方的力量对比发生了根本性的变化。

楚成王看到齐、秦与晋联合，形势不利，就令楚军从前线撤退到楚地申，以防秦军出武关袭击它的后方。同时命令戍守谷邑的大夫申叔迅速撤离齐国，命令尹子玉将楚军主力撤出宋国。子玉对楚成王回避晋军很不满意，他对成王说：『你过去对晋侯那么好，他明明知道曹、卫是楚的盟国，与楚的关系密切，而故意去攻打它，这是看不起你。』楚成王说：『晋侯在外流亡了十九年，遇到很多困难，而最后终于能够回国取得君位，也尝尽艰难，充分了解民情，

这是上天给他的机会，我们是打不赢的。』但是子玉却骄傲自负，听不进楚成王的劝告，仍要求楚王允许他与晋军决战，并请求增加兵力。楚成王勉强同意了他的请求，但不肯给他多增加兵力，只派了少量兵力去增援他。于是，子玉以元帅身份向陈、蔡、许、郑四路诸侯发出命令，相约共同起兵，他的儿子也带了六百家兵相随。子玉自率中军，以陈、蔡军队为右军，许、郑军队为左军，风驰雨骤，直向晋军扑去。

子玉逼近晋军后，为了寻求决战的借口，派使者宛春故意向晋军提出了一个『休战』的条件：晋军必须撤出曹、卫，让曹、卫复国，楚军则解除对宋都的围困，从宋国撤军。中军元帅先轸提出一个将计就计的对策，以曹、卫与楚国绝交为前提，私下答应让曹、卫复国；同时，扣押楚国的使者，以激怒子玉来战。晋文公采纳了他的计策。子玉得知曹、卫叛己，使者又被扣，便恼羞成怒，倚仗着楚国的优势兵力，贸然带兵扑向晋军，寻求决战。

晋文公见楚军来势凶猛，就命令晋军后撤，以避开它的锋芒。有些将领不理解文公的意图，问文公：『没有交手，为什么就后退呢？』文公说：『我以前在楚的时候曾对楚王说过，如果晋楚万一发生了战争，我一定退避三舍。我是遵守诺言的。』实际上，晋军的『避退三舍』，是晋文公图谋战胜楚军的重要方略。晋军『避退三舍』（九十里）后，退到了卫国的城濮，这里距离晋国比较近，后勤补给、供应方便，又便于齐、秦、宋各国军队会合；在客观上，『避退三舍』也能起到麻痹楚军、争取舆论同情、诱敌深入、激发晋军士气等作用，将晋军的不利因素变为有利因素，为夺取决战奠定了基础。

晋军退到城濮停了下来。这时，齐、秦、宋各国的军队也陆续到城濮和晋军会师。晋文公检阅了军队，认为可以与楚军决战。这时，楚军追了九十里也到达城濮，选择有利的地形扎下营，随后就派使者向晋文公挑战，晋文公很有礼貌地派了晋使回复子玉说：『晋侯只因不敢忘记楚王的恩惠，所以退避到这里。既然这样仍得不到大夫（指子玉）的谅解，那也只好决战一场了。』于是双方约定了开战的时间。

公元前632年4月4日，晋楚两军决战开始。晋军针对楚军中军强大，左右翼军薄弱的部署特点，和楚军统帅子玉骄傲轻敌、不谙虚实的弱点，发起了有针对性的攻击。晋军把驾车的马蒙上虎皮，出其不意地首先向楚军中战斗力量差的右军——陈、蔡军进攻，陈、蔡军遭到这一突然而奇异的进攻，惊慌失措，弃阵逃跑，楚右翼就很快崩溃了。

晋军同时也把进攻的矛头指向楚左军。晋军主将狐毛在指挥车上故意竖起两大镶有彩带的大旗，非常醒目，远远就可望见，狐毛和许、郑联军一接触，便故意败下阵来。在逃跑时，在车的后面拖了很多树枝，树枝刮起的尘土，遮天蔽日，给在高处观阵的子玉造成了错觉，以为晋军溃不成军了，于是急令左翼部队奋勇追杀。晋中军元帅先轸等到楚军已被诱至，便指挥中军横击楚军，晋上军主将狐毛回军夹击楚左军。楚左军退路被切断，陷于重围，基本就歼，子玉见左右两翼军都已失败，急忙下令收兵，才保住中军，退出战场，城濮之战最终以晋胜楚败而告终。

晋在城濮之战的胜利，首先在于晋国君、臣能够准确分析交战之初的客观形势及利弊，制订出了先胜弱敌、避免过早与楚正面交锋、争取齐、秦两国支持的谋略。随后，在决战之时，晋军敢于先退一步，避开楚军的锋芒，以争取

政治、军事上的主动。此外，晋军『知己知彼』，能根据敌人的作战部署，灵活地选择主攻方向，先攻敌人的薄弱环节，各个击破，因而获得了这场战争的胜利。纵观城濮之战的整个过程，我们不能不得出这样的结论：克敌制胜的上策在于以谋略战胜敌人。

卫庄公失璧丧命

周敬王执政时，已是春秋后期，这时卫国国内统治者上层矛盾尖锐，政权更迭频仍，是春秋时期国君被逐，政变最频繁的一个国家。按史书所载，『卫国国君卫庄公曾受晋国容纳保护，但为君后又背晋，晋于是伐卫，卫人出庄公，立公子般师。晋师退，庄公复入，般师出奔。初，庄公登城，见戎州已氏之妻发美，髡之以为夫人髢。又欲翦戎州，兼逐石圃，故石圃攻庄公。庄公惧，窬北墙折股，入已氏，已氏杀之。』史书记载卫庄公被杀事件经过，大都简洁，寥寥数句，甚至用一句话概括，仅说卫庄公出奔，很少论及卫庄公被杀一事详情，实际上庄公之死，因暴虏而被仇人已氏残杀，倒是顺手牵羊之计，在历史中运用施行的一个典型之例。

卫庄公蒯聩在做太子时，即积极参加宫廷阴谋。公元前480年，他筹划武力政变，通过姐姐孔伯姬的情夫浑良夫，亲自带领伏兵，杀子路，胁迫卫国孔氏家族重要人物孔悝立自己为庄公，接着大肆追捕原卫公辄的党徒、亲信。第二年，蒯聩在向周王室请到册命后，得以名正言顺大权在握，他对为自己上台出过力的孔氏母子，假装设宴款待，灌醉他们，连夜驱逐出国。凡知晓他非法夺权底细的人，都被他猜忌怀疑，担心自己不正当的手段被人看破，拿来对

付自己，必欲除之而后安。连卫国重臣太叔遗也被逐出。由此，卫国国内人心纷乱，也就是在这一年，庄公上台的故伎，被他的儿子太子疾拿来施用在庄公身上。原来，庄公大肆排斥异己，大臣纷纷外逃，出公辄把国家的宝物也带走了，于是庄公用浑良夫计，让太子疾等人回国，想早立下太子，取得宝器。不意引狼入室，太子疾顺势劫持庄公，胁其盟誓，并要他杀死浑良夫。庄公说原先答应过免除浑良夫三次死罪，不能立即杀他，太子疾暂时答应庄公的请求，但不过一年，借庄公之力，找一借口杀了浑良夫，剪除了庄公的重要臂膀。

鲁哀公十七年（前478年），晋国大夫赵鞅，派人通知卫国：过去卫君在晋国期间，晋国款待热情周全，是故请『卫君或太子来敝国，向寡君寒暄，略表谢意，如此才能使我们为臣的面颜上有光』。如若卫君不施以答礼，则会是『臣子作事不当』，将遭受晋君责难。卫庄公闻报，就以国内纷乱为由，不想去晋国致谢。而太子疾却派人至晋说父君之事。结果，晋国大怒，以赵鞅为将，领军攻卫。

卫庄公执政失措，引发外患内争，自己心中十分虚弱，寝睡不安。有一次，他梦见自己在北宫，看到一个披发厉鬼立昆吾观上，向北高喊：『登此昆吾之虚，绵绵生之瓜，余为浑良夫，叫天无辜。』卫庄公心中害怕之极，第二天亲自求人占卜，筮史官胥弥赦卜之说：『没有什么事。』庄公听了非常高兴，赐给他一邑，胥弥赦不受而逃往宋国，实际上这时卫庄公已结怨全国，大乱将生而自己不知。

同年冬天十月，晋军再次攻打卫国，并很快入了外城。将要入城时，卫国人主动起来行动，赶走了卫庄公，与晋

将赵鞅讲和。于是晋国立卫襄公之孙、庄公的从父兄弟般师为卫国新君，然后退兵回国。但十一月，卫庄公又乘晋军兵退，从鄄邑入都，般师被迫出逃。

恢复了执政统治的卫庄公，并不专注于朝政的调理，去笼络人心，反而变本加厉，更加残酷对待臣民。一次，他登上国都帝丘的城门远眺，望见城外有村落散居城外，随即问身边侍臣，得知是戎人居邑。庄公说：『我是周室姬姓后代，怎么能容许戎州（帝丘城外的少数民族）居住在我的城外呢！』于是下令发兵，掠劫戎州财物，并彻底摧毁了这些戎人的居住村落，致使戎人对他咬牙痛恨。又有一次，卫庄公站在城门上，望见戎人已氏之妻的头发，长得特别浓密漂亮，庄公欲占为己有，竟然派出兵丁，把已氏之妻的美发全部剪下，做成假发，给自己的夫人吕美戴上，以满足自己的私欲。

庄公的暴政专权，终于引发了内政危机的进一步爆发。石圃是卫国上卿石恶之子，自己又居卿位，于国中有不少势力。庄公不喜欢石圃，想要放逐他。石圃见势不好，本拟先逃，恰好此时，为庄公所役使的百工匠人，长年为庄公修筑工程，制作器物，不仅衣食不保，连休息也没有，总是日夜不停地埋首做工，心里早就充满对庄公的愤恨，石圃见此可以利用，于是在公元前478年10月23日，辛巳日，石圃领百工匠人先发制人，攻打卫庄公所居宫室。卫庄公猝不及防，只得关起宫门，派人请求谈判议和，可是石圃哪里答应，反而发力紧攻。庄公知议和无望，为求生路，爬上高高的北宫之墙，跃墙逃跑。太子疾、公子青紧随庄公之后，跃墙而过，不料刚落地面，被闻讯赶来，乘庄公逃亡势弱

之机报仇的戎人手起刀落，双双被杀。

先期跃墙而过的卫庄公，落地时已折断了腿骨，又见仇视自己的戎人纷纷涌来，赶紧躲进城外一户人家，哪知冤家路窄，正是他胁迫剃光了妻子美发的已氏之家。庄公逃命要紧，急中生智，从身上拿出一块上等玉璧，呈给已氏主人，说道：『如果你能救我一命，我会把这块玉璧送给你。』已氏主人看了看卫庄公，微笑地对庄公说：『我杀了你，这块玉璧还会落到哪里呢？』说完，拿起刀来，只见血光一闪，一颗头颅落到尘埃。又随手拾起玉璧，揣进自己的腰包。

春秋后期，正是社会变革急剧加快的转变阶段，过去的大国间争霸战争，渐渐为列国内部争权夺利的频繁政权斗争所代替。政治结构上，过去的礼乐征战自天子出，慢慢转变为诸侯出，自大夫出，甚至大人的家臣，亦纷纷起而争政柄，卫庄公上台执政的卫国，正是君君臣臣、父父子子的旧秩序已被打破，父子争位，骨肉相残。君臣之尔虞我诈，内亲之间欺诈杀伐。政敌争斗、权坛互击导致政坛改名情况频繁发生。庄公本来以政变形式上台，执政之后，大肆杀伐排斥异己，造成统治集团内部矛盾重重，他想驱逐势大的石圃，两人随之成为政敌，这是他所处的第一重矛盾。春秋后期，国人与统治阶级的矛盾已尖锐化，庄公长时间役使做工的百工匠人，造成国人怨恨，这是庄公所居的第二重矛盾。庄公不以大政为重，驭政无方，又昧于时势，轻开杀伐，还沉浸在周室王姓的美梦中，毁坏都城城外戎州人村落居室，又抢劫戎人的财产，尤其是不注意小节，居然为满足私欲，剃光已氏之妻的长发为夫人吕姜做假发，

这样，卫庄公成为已氏及戎州等少数民族群众之仇敌，构成了卫庄公所居的第三重矛盾。在这三重矛盾中，任何一种矛盾的激化，都将对卫庄公政权造成极大冲击，何况，外有晋军为敌，内有太子疾势力胁迫威逼，真是坐之于火山口，危险即在眼前了。果然，当卫庄公驱逐石圃在即，事机触发，石圃即利用百工匠人对庄公的愤恨，乘机发动国人攻打庄公宫室。庄公性命不保，只好『狗急跳墙』，结果，被第三重矛盾的仇敌戎人乘虚而入，戎人砍杀了太子疾、公子青。而已氏主人为报削妻发之仇，当然要杀庄公了。也是庄公命当该绝，偏偏躲进了已氏之家，庄公为逃生，想以利诱之，掏出一块玉璧，就想收买已氏主人。那知已氏主人理智心明，报仇为大，玉璧为轻，何况完成了报仇这样一个重要大事，眼前的小利岂有飞去道理。于是杀庄公，再顺手把玉璧装入自己的腰包，真是大快人心，『仇』利双收啊！

郤至之死栾书生

春秋时期，晋国国君厉公宠信权臣胥童。胥童为了达到独揽朝廷大权的目的，想方设法要铲除朝廷重臣郤至、郤锜、郤犨和栾书、中行偃等五人。郤锜得知胥童的阴谋，对郤至说：『胥童已经把刀放在我们的脖子上了，与其坐着等死，不如赶快采取行动。』郤至却表示反对，他说：『我们接受国君的俸禄，就应该遵从国君的命令。我们又没有什么过失，国君怎么会听从胥童的话杀掉我们呢？』郤锜见郤至不听从自己的劝告，只好悻悻地离去。

不久，宦官孟张因喝醉了酒抢走了至准备用来献给晋厉公的一头猪。郤至在盛怒之下将孟张射死。晋厉公不明其故，胥童乘机煽风点火，说郤至、郤锜、郤犨想要谋反，晋厉公大怒，立刻派胥童率八百铁甲兵去捉拿郤至等三人。胥童率兵包围了府，将郤至、郤锜、郤犨三人当场杀掉，又率领兵马将栾书、中行偃二位大夫抓到宫中，请晋厉公处死栾书和中行偃。

晋厉公说：『一天之内，我已杀掉了三名大夫，再杀两人，天下人会指责我的。再说，栾书和中行偃也没有什么罪过啊。』胥童再三请求，晋厉公担心会引起朝廷大臣们的反对，执意不从，下令将栾、中两人释放，仍旧让他们担当原来的官职。

栾书和中行偃侥幸逃生，两人私下商议：『君王饶得我们一命，胥童却是时刻要置我们于死地，我们可不能白白地等死。』栾书和中行偃磨刀霍霍，利用晋厉公一次离宫到一位大臣府中宴饮的机会，将晋厉公软禁起来，又捕获胥童，立即将胥童处死。此后，栾书和中行偃废掉晋厉公，迎立公子周为晋国国君，史称晋悼公。

郤至束手就擒，家破人亡；栾书、中行偃主动出击，化被动为主动，不但保全了性命，还保住了自己的官职。

李牧安边退匈奴

战国时期，赵国将军李牧一直在代郡雁门屯兵把守，以抵御匈奴的侵袭骚扰。李牧根据当地情况，以利国利民的原则设置官吏，下边收来的租税一律交到他的府署，作为军费使用：每天还杀几头牛供士兵们享用。他训练士兵骑马射箭，慎重地安置烽火报警，严密情报信号，并经常派人侦察敌情。然后对将士们下令说：『匈奴兵如果来侵袭我

们，你们不要乱来，赶快回来保护营寨，假若有人敢于抓捕杀掳匈奴的，那就斩首示众。』这样以后，每当匈奴兵入侵雁门时，他们都不予抵抗，赶回来保卫营寨。过了好几年，赵国也没有什么损失。这样一来匈奴却以为李牧胆小怕事，不敢与他们对阵，就连赵国士兵也认为李牧将军怯弱。于是，赵王把李牧召了回去，派另外一人去镇守此关。可在之后的一年多的时间里，匈奴的每次进攻，他们都出兵反击，多次失败，匈奴掠走了很多牲畜，边境一带不能够再种田放牧，赵国损失很大。所以赵王又想到李牧将军镇关那几年，请他重新上任。李牧推说自己有病，闭门不出。赵王就强行派他重新出任雁门关将领，挽回损失。李牧说：『您如果真心要用我，那您就得允许我用过去的老办法，我才敢不辱使命。』赵王答应后，他才前往赴任。到雁门关后，仍然像以前一样约束他的将士。匈奴来侵扰时，也和以前一样一无所获，他们始终认为李牧还是怯弱。士兵每天都得到赏赐，却不同匈奴兵交手，将士纷纷向他表示愿意同匈奴决一死战。于是，李牧决定乘士气正旺同匈奴交战。他准备了经过挑选的战车，共一千三百辆，精选骑兵一万三千人，作战勇敢的士兵五万人，弓箭手十万人，都进行细致、严格的训练。一天，他让边民漫山遍野地放牧牲畜，匈奴一见有物可掠，立即带兵来抢，李牧指挥部队假装败走，并故意将数千人及大批牲畜遗弃给匈奴人。匈奴的首领单于听说部落大获全胜，便想乘胜进击，彻底击败李牧。李牧在与匈奴兵交战中，灵活设置了许多奇阵，展开左右翼包抄了匈奴兵，结果斩杀匈奴十几万人，单于狼狈逃回，此战之后十几年，匈奴再也不敢侵犯赵国边境。

卷十二 火攻篇

原文

孙子曰：凡火攻有五①：一曰火人②，二曰火积③，三曰火辎④，四曰火库⑤，五曰火队⑥。行火必有因⑦，烟火必素具⑧。发火有时，起火有日⑨。时者，天之燥也⑩；日者，月在箕、壁、翼、轸也⑪，凡此四宿者，风起之日也。

注释

①凡火攻有五：火攻可分为五种情况。汉简本作『凡攻火有五』。②火人：火烧敌军人马。火，焚烧，用作动词，下同。③火积：以火烧毁敌人的粮草积储。积，积储，这里指粮草。④火辎：焚烧敌军的辎重装备。⑤火库：焚烧敌军的库室仓储。库，仓库，府库。⑥火队：焚烧敌军的后勤运输设施。队，通『隧』，即道路，此处指运输设施。⑦行火必有因：使用火攻必须具备相应的条件和环境。行，实行，进行。⑧烟火必素具：火攻所需的器具燃料等物必须经常准备好。烟火，火攻用的器材。素具，平时就有准备。⑨发火有时，起火有日：放火要根据季节气候方面的条件。时，季节，时令。⑩时者，天之燥也：用火攻要在气候干燥的季节进行。燥，气候干燥。⑪日者，月在箕、壁、翼、轸也：日期要选定在月亮运行到箕、壁、翼、轸的方位时。箕、壁、翼、轸，四宿之名，同属于二十八宿。二十八宿都在赤道附近，中国古代天文学用作测天象的方位标准。古时天文学家认为月亮行经箕、壁、翼、轸这四个星宿时多风。所以下文说：『凡此四宿者，风起之日也。』但现代天文学认为，这种说法没有科学根据。

译文

孙武说：火攻的形式大致有五种：一是焚烧敌军的人马，二是焚烧敌军的粮草积聚，三是焚烧敌军的辎重装备，四是焚烧敌军的库室仓储，五是焚烧敌军的后勤运输设施。使用火攻必须具备相应的条件，火攻所用的器材必须经常准备好。放火要根据季节，起火要选择日期。所谓时令，要选在气候干燥的季节；所谓日期，是指月亮运行到『箕』、『壁』、『翼』、『轸』这四个星宿方位的时候。凡是月亮经过这四个星宿的日子，就是起风的时候。

原文

凡火攻，必因五火之变而应之①。火发于内，则早应之于外②。火发而兵静者，待而勿攻③，极其火力④，可从而从之，不可从而止⑤。火可发于外，无待于内，以时发之⑥。火发上风，无攻下风⑦。昼风久，夜风止⑧。凡军必知有五火之变，以数守之⑨。

注释

①必因五火之变而应之：必须根据五种火攻所引起的敌情变化，及时地采取行动以进行策应。因，利用。五火，即五种火攻的方法。应，应付，策应。②火发于内，则早应之于外：火从敌军内部引发，要及早在外面用兵策应。③火发而兵静者，待而勿攻：火烧起来而敌军安静不乱，应先不急于发动进攻。④极其火力：使火势达到最旺的程度。⑤可从而从之，不可从而止：从，跟从，此处指进攻。⑥火可发于外，无待于内，以时发之：若从外面放火，可不

必等待内应，要在适当的时候放火。⑦火发上风，无攻下风：火势若在上风口，不要从下风处进攻。⑧昼风久，夜风止：白日里风刮得时间久，夜间就会风停。⑨以数守之：要等待具备火攻的条件。数，季节特点及星宿运行情况等条件。

译文

凡是使用火攻，必须根据五种火攻方式所引起的敌情变化，及时采取行动以进行策应。从敌营内部放火，就要及早在外面用兵策应。火烧起后而敌军安静不乱，要观察等待，不应急于进攻，等火势达到最旺的程度，再根据情况可以进攻就进攻，不能进攻就停止。火如从外面引放，就不必等待内应，只要在适当的时机放火就可以。火势若在上风口，不可从下风处进攻。白天风刮的时间久，夜间就会风停。军队必须知道五种火攻方法的变化运用，掌握推算季节气候条件。

原文

故以火佐攻者明①，以水佐攻者强。水可以绝②，不可以夺③。

注释

①以火佐攻者明：用火来辅助攻战，可取得明显效果。佐，辅佐，帮助。明。②水可以绝：用水可以隔断敌军。

③不可以夺：不能夺走敌军的物资积蓄。

译文

用火来辅助攻战，可取得明显效果，用水来辅助攻战，能加强攻势。水能分割、隔断敌军，但不能像火攻那样能夺去敌军的物资积蓄。

原文

夫战胜攻取，而不修其功者凶[①]。命曰费留[②]。故曰：明主虑之[③]，良将修之[④]。非利不动[⑤]，非得不用[⑥]，非危不战[⑦]。主不可以怒而兴师[⑧]，将不可以愠而攻战[⑨]。合于利而动，不合于利而止[⑩]。怒可以复喜，愠可以复悦；亡国不可以复存，死者不可以复生。故明君慎之，良将警之[⑪]，此安国全军之道也[⑫]。

注释

①夫战胜攻取，而不修其功者凶：打了胜仗，夺取了城邑土地，而不能巩固胜利成果，将是危险的。②命曰费留：费留，耗费资财和时日。③明主虑之：明智的君主要认真考虑用兵之事。虑，谋虑。④良将修之：贤良的将帅要慎重处理征战之事。修，治理，处理。⑤非利不动：没有利可图则不行动。⑥非得不用：没有胜利把握就不用兵。⑦非危不战：不是危急关头不开战端。⑧主不可以怒而兴师：国君不能单凭出于愤怒而发兵。汉简本作『主不可以怒兴军』。⑨将不可以愠而致战：将帅不能仅凭恼恨而开战。愠，恼怒，怨愤。致战，《太平御览》作『合战』。⑩合于利而动，不合于利而止：合乎国家利益才行动，不合乎国家利益就停止。⑪明君慎

之，良将警之：国君和将帅应当以慎重警惕的态度对待用兵作战。⑫此安国全军之道也：这是安定国家保全军队的根本道理。全军，保全军队，『全』字用作动词。

译文

凡打了胜仗，攻取了土地城池，而不能够设法巩固胜利成果，将是危险的，这叫做『费留』。所以说，明智的国君应该慎重地考虑这个问题，贤良的将帅应该认真地对待这个问题。对国家没有利益不要行动，没有取胜的把握不轻易用兵，不到危急紧迫时刻不要开战。国君不能凭一时的恼怒而发动战争，将帅不能因一时怨愤而开启战端。合乎国家利益才能行动，不合乎国家利益则停止。恼怒还可以转变为欢喜，怨愤也可以转变为高兴。然而国家灭亡就不能存在，人死也不能再生。所以，对待战争，明智的国君一定要慎重，贤良的将帅一定要警惕，这些都是安定国家和保全军队的根本道理。

经典事例

火牛阵齐复失城

即墨保卫战，发生在公元前279年，齐将田单以火牛阵大败燕军，收复被燕军占领的七十余城。

公元前284年，燕国大将乐毅挂帅，统率燕、秦、韩、赵、魏五国之兵大举伐齐，所向披靡，连克七十余城。齐国只剩下莒（今山东莒县）、即墨（今山东平度东南）两城未被攻下，危在旦夕。时齐王被杀，齐臣王孙贾等立其子法章（即齐襄王）为王，号召民众起来抵抗。乐毅攻莒和即墨一年未克，改用攻心战，命燕军撤到距两城九里处设营筑垒，并下令『对出城的居民不予拘捕，允许恢复旧业得以安民，对有困难的居民，还加以赈济』等。由此形成了相持局面。

即墨为齐国较大的城邑，地处富庶的胶东，近山靠海，物资丰富，有坚固的城池和一定的人力用于防守。即墨的军民在守将战死之后，共推田单为将。田单是齐王室的支系亲族，早在国都临淄（今山东临淄市东）的市场管理机构中任一般官吏，有卓越的军事才能，但并不为人所知。田单为将后，为了挽救危机，即着手将城中军民重新组编，将所带的新兵及收容的七千余人加以整顿和扩充，加强了防守力量。将自己的妻妾和家人也都编入部队参加守城；田单自己与守城军民共甘苦，同生活，同战斗，并经常针对士卒重视祖先、热爱乡里的心理特点，鼓舞士气，动员群众，他说：『如即墨失守，齐国灭亡，宗庙被毁，祖宗的灵魂将无处安身，自己的灵魂也将无处可归』（《战国策·齐策》），以此来激励士卒的战斗情绪，而深得人心。就这样即墨与莒两城硬是在燕军的包围圈中，熬过了三个年头。

燕军统帅乐毅采用政治攻心战，田单深为忧虑，害怕发展下去，必将动摇人心。公元前279年，十分信任乐毅的燕昭王去世，其子立，即燕惠王继位，惠王还是太子的时候，就对乐毅有成见，田单了解这一情况，认为有隙可乘，遂针对燕惠王对乐毅不满和不信任的心理，派间谍去燕都散布谣言说：『齐王已死，燕军不能攻占齐国的最后两座城堡，是什么原因呢？就是因乐毅与燕国的新王有矛盾，他怕自己遭诛而不敢回燕国，以攻齐为名，控制住军队想当齐

王。现在齐国的百姓还没有都归顺他，所以乐毅故意慢慢地攻打即墨，以待时机称王。齐国人现在已经不怕乐毅；最害怕的是燕国又换其他将领来。』燕王本就与乐毅有隙，又见乐毅三年没有攻下即墨和莒，早就怀疑乐毅另有图谋，一听到人们传来的这些流言，便信以为真，派骑劫为帅去代替乐毅，并召乐毅回国。乐毅明白燕王的用心，自知回国难免有杀身之祸，便投奔了赵国。燕军不但失去了一位多谋善战、富有将才的统帅，重要的是全军将士俱为乐毅气愤不平，造成了燕军的军心涣散。这就为即墨保卫战的胜利提供了有利的条件。

骑劫上任，不管三七二十一就指挥燕军强攻莒和即墨，仍然不能得手。田单知道骑劫有勇无谋，但即墨被围年久，城内军民人心未定，还不具备反攻条件，于是采取了一系列措施，来激发齐国军民的斗志。

①假以『神命』号召军民。田单为了团结内部，统一行动，进一步针对士卒迷信思想浓厚，敬畏鬼神的心理，他利用城中人祭祀先祖时，飞鸟都飞来取食，散布说这是神来教导传授神的旨意。暗令一名机敏士卒假冒『神师』，每次下达命令都宣称出自『天神之命』，使全城军民都统一在『神师』号召之下。

②假手燕军来激发齐军民的斗志。田单针对燕军统帅骑劫粗暴无知，而又急于求胜的心理，他派人扬言：『我们别的都不怕，只怕燕军俘虏我们的士卒割去他们的鼻子，把他们放在队伍前面，来和我们作战，即墨人看了就害怕，即墨就再也不能守了。』骑劫强攻即墨与莒不下，正想采用恐怖手段来打击齐军的士气，苦于没有什么好的办法，他一听到齐人散布的这个消息，便非常高兴，立即命令部下将投降过来的齐军士卒的鼻子全部割掉，又将这些降卒排列

在阵前让即墨守军观看。即墨城中的军民看到燕军如此残酷地对待俘虏，人人愤怒不已，坚定了固守城池的决心。

③怂恿燕军挖坟，进一步激发军民的仇恨。田单又令间谍散布说：『我们别的不怕，就担心燕军挖我们祖先的坟墓，毁坏我们祖先的尸首，这样即墨城里人就会很寒心，很悲恸，无心守城。』骑劫闻讯，觉得这办法妙不可言，更可以震撼齐人，动摇他们的信心，便又令『燕军尽掘齐人的祖坟，焚尸烧骨』。城中齐人从城头上远远望见燕军这种丧尽天良的暴行，无不痛心疾首，号啕大哭，全体军民愤怒万分，人人义愤填膺，一致要求要与燕军决一死战。

④示弱佯降，进一步麻痹燕军。田单认为这时齐军民的心理状态，正是用以杀敌的最佳时机。遂一方面积极进行一系列反击战的准备工作；一方面为了更好地麻痹敌人，隐蔽自己的企图，出其不意，攻其不备，以收最佳效果。田单命令强壮士卒隐蔽城内，而由老弱、妇女轮流登城守备，使燕军以为城中齐军已损伤殆尽了，不得不用老弱妇女来守城。又派使者见骑劫，表明齐军食尽再无力量守城，将于某日投降；并派人从民间收集黄金千镒，令即墨富豪悄悄地赠送给燕军将领，『嘱以城下之时，求保全家小』。燕将大喜，受其金，『各付小旗使插于门上，以为记认』。这样使骑劫认为自己的威慑手段生效，更加骄傲轻敌，完全放弃了警惕，坐待齐军投降。

就在骑劫洋洋得意，燕军翘首等待齐军出降之际，齐军正在加紧进行临战前的一切准备，田单命令部队尽收全城黄牛共千余头，披上绘有五彩龙纹的外衣，在牛角上绑上锋利的尖刀，尾部上扎着浸透油脂的芦苇，拖后如巨帚，预约降前一日，安排停当。众人皆不解其意。出战之日田单椎牛具酒，候至日落黄昏，召集已选拔的五千余名精壮士卒，在城根部挖好几十个洞穴，将牛伏于穴内待机出击；士卒饱食，以五色涂面，各执利器，跟随牛后。在统一号令下，点燃牛尾芦苇，火势渐迫牛尾，牛疼痛不已，从洞穴中狂奔而出，直扑燕军营垒，形成一个有一定正面和纵深的火牛阵，以排山倒海之势冲向燕军；五千余名精壮勇士紧追牛后冲杀；全城的军民都敲打着铜器呐喊助威，声势震天动地。燕军正高兴来日受降入城，皆安寝。正在熟睡中，突然被震耳欲聋的声响惊醒，看到一团团帚炬千余，光明照耀，如同白日，望之皆龙文五彩的怪物突奔前来，角刃所触，无不死伤，军中大乱。那一伙壮卒似天神，不言不语，大刀阔斧，逢人便杀，遇敌即砍，虽只五千人，慌乱之中，恰像数万。向来燕军听说有『神师』下教，今日神头鬼脸，更信以为真，不禁张慌失措，纷纷夺路逃跑。慌乱中的燕军，互相践踏，燕军彻底溃败，兵死将亡，遍地皆尸，骑劫也在混乱中被田单杀死。田单见奇袭得手，便纵军乘胜追击，燕军兵败如山倒，一发而不可收拾，原所占齐国七十余城，悉被齐军收复。

孔明用兵烧博望

刘备驻兵新野，请诸葛亮为军师，待之以老师之礼，常对关羽、张飞二人说：『我有了孔明，犹如鱼之得水。』关羽、张飞见刘备信重一个青年书生，心里非常不高兴。忽然，听说曹操派遣夏侯惇领兵十万，杀奔新野而来。张飞怨气未消，对关羽说：『刘备大哥既信赖孔明，这次就派孔明去迎敌好了。』心里是想看诸葛亮的笑话。

诸葛亮自从受聘为军师以来，这是第一次与敌人对阵。他知道自己胸中所学未曾展露，关、张等人对自己不服，

虽然已有破敌良策，但恐诸将不听号令，便对刘备说：『主公如果想让我调兵遣将，就请赐给尚方宝剑一用，以防关、张等人不听指挥。』刘备便将宝剑给了孔明。

诸葛亮有了尚方宝剑在手，不怕诸将不服，便召集众将前来听令。诸将虽然未服孔明，但对曹兵来攻却不敢大意，于是急忙赶来，看孔明如何安排。孔明见众将到齐，便开始调遣起来。他说：『博望城左边有山，名叫豫山；右边有林，名叫安林，可以埋伏兵马。关羽领兵一千埋伏于豫山，敌人到时，不可与战，放过来便是。敌人的粮草辎重必在后面，只要看到南边起了火，就出兵进攻，烧了他们的粮草。张飞领一千人去安林背后的山谷中埋伏，看到火起，便去博望城中放火烧敌屯粮之所。关平、刘封带领五百人，预备引火之物，到博望坡后两边等候，等到敌人兵到，便可放火。赵云领兵为先锋前去迎敌，不许赢，只许输。主公您领兵一千为赵云后援。大家要依计而行，不许违令。』关羽见孔明安排已毕，诸将皆有差遣，只孔明自己却没事可干，问道：『我们都出去迎敌，不知军师做些什么？』孔明说：『我一介书生，不能上阵，只好坐守新野县城了。』张飞一听，大笑说：『我们都去厮杀，你却坐在家里自在，天下有这样的好事。』孔明宝剑在手，说：『尚方宝剑在此，违令者斩。』张飞只好冷笑而去。关羽心想，等他的计策失败时再来问他不迟。诸将皆不明白孔明的安排到底如何，心中疑惑不定，但又不能违令，只好依计领兵安排去了。

孔明又对刘备说：『主公今天就可领兵去博望坡下驻扎。明日黄昏，敌军必到。那时你便弃营而逃，见到火起

再回头掩杀。』又命孙乾、简雍准备庆功喜筵，准备记功簿，专等诸人得胜回师。这下连刘备也疑惑起来，仗还未打呢，便准备庆功，难道诸葛亮真能以几千人打败曹操的十万大军吗？

却说夏侯惇与于禁等人领兵到了博望，留一半人保护粮草在后慢行，自领一半精兵向前赶来，正遇上赵云领兵一千前来。只见赵云的兵马队伍散乱，旗帜不整。夏侯惇大笑说：『诸葛亮以这样的部队作前锋，无疑于驱羊饲虎。看来，这次要捉刘备、诸葛亮是捉定了。』赵云一听大怒，纵马来战。几个回合下来，赵云诈败，拨马便逃，夏侯惇于后紧追不放。追出十余里，赵云回马又战，打了几下之后又跑。曹将韩浩对夏侯惇说：『赵云在诱我深入，敌人可能设有埋伏。』夏侯惇说：『瞧敌人这副德行，即使有十面埋伏，也用不着害怕。』于是又纵马紧追。赶到博望坡，忽听一声炮响，刘备引军冲杀过来。夏侯惇大笑说：『这便是敌人的埋伏了，不过千人而已。今晚我如不到新野，绝不罢兵！』说罢引军来战，刘备、赵云不敌，急忙又逃。这时天色已晚，浓云密布，风也越来越大。夏侯惇只顾领兵追杀，道路越来越窄，两边芦苇遍地，树木丛杂。于禁一见，心里惊慌，急对夏侯惇说：『道路越来越窄，树木丛生，应防敌人火攻。』夏侯惇突然明白过来，急令军马速回，可是已经晚了。只听背后喊声大起，关平、刘封所率士兵到处放火，一时间，四面八方都是烈焰，又值夜深风大，熊熊大火滚滚烧来。刘备、赵云回军掩杀，曹军人马争相逃命，自相践踏，死者不计其数。曹军粮草被张飞放火烧毁，博望城被关羽抢占。这一仗直杀到天明，杀得曹军尸横遍野，血流成河。夏侯惇急忙收拾残军，回许昌去了。

这一战，诸葛亮以几千人抗击十万曹兵，形势可说是危险之极。但他却巧妙地利用了夏侯惇的轻敌心理，先以赵云为前锋迎战，令其诈败，诱敌深入。他预测到，夏侯惇有可能识破诱敌之计，故而又命刘备于地形宽阔处用兵，使夏侯惇误认为这便是埋伏之兵，遂不以为意，一路紧追不放，直至追赶到山势狭窄之处，而其真正的埋伏却不是兵，而是一场熊熊大火。因此，曹军人数虽众，却无用武之处，反而在大火的烧攻之下自相践踏，死伤无数。此战一胜，关羽、张飞等人对孔明佩服得五体投地。

火烧赤壁胜曹兵

曹操得了荆州和荆州的水师，声势更大，随即整顿军马船只准备顺江东下，追击刘备，并一举吞并孙吴。

还在曹操攻打荆州的时候，东吴就感到了威胁。孙权的谋士鲁肃，很有见识，他劝孙权说：『荆州的地势很重要，刘表死了，他的两个儿子又不和睦，可能保不住荆州。现在刘备寄住在那里，可以劝他安抚刘表的部下，和我们同心一意，共同抵抗曹操。』孙权同意了这个主张，并且派他到荆州去劝说刘备。可是鲁肃刚走到半路，荆州就已经被曹操占领了。

形势已经很危急了，鲁肃在当阳会见了刘备和诸葛亮，大家都认为孙刘两家联合，共同抵抗曹操是当前惟一的办法。于是诸葛亮便随着鲁肃一同到东吴，商议抗拒曹操的计策。

诸葛亮到了东吴，见孙权还在有些摇摆不定，他知道孙权的性格好强，便故意把曹操夸称一番，用话刺激他说：

『将军如果估计自己的力量薄弱，不如投降曹操算了。』

孙权果真被激怒了，反问道：『为什么刘备不投降？』

诸葛亮说：『刘备是皇帝的宗室，四海的英雄，天下人的心都向着他，岂肯投降奸贼！』

孙权说：『刘备失败到这种地步还不肯投降，难道我愿意把祖宗留下来的大好江山拱手让人吗？我还有十万水陆兵马，只要刘备肯和东吴合作，我一定要和曹贼决一死战，但不知刘备实力如何？』

诸葛亮见孙权已经下了决心，忙说：『刘备还有兵马万人。曹操的兵马虽多，但多是袁绍和刘表投降的军队，意志不坚定。用不着忧虑，曹操这次南下，一日一夜行三百里路，精疲力竭，这是用兵最忌讳的。我看孙刘联合一定能战胜曹操！』

他又鼓励孙权道：『如果曹操打败退回北方，三分天下的形势就成了，将军的基业何愁不能巩固？』孙权激动地说：『先生的话，正合我的意思。』

公元208年，曹操亲自带领五十万军队，号称八十万，向长江下游进发。

东吴的文武官员，眼看曹操八十万人马即将到来，谣言纷纷，空气紧张，主战主和不一。孙权召集了众臣商量，张昭首先主和，他说：『曹操得了荆州，兵多将广，势力很大。过去我们靠长江天险防御曹操，现在刘表的水军战船全归他了，长江就无险可守了，这样的仗怎样打得下去？不如先跟他讲和，以后再想办法。』很多官员，七嘴八舌，议论纷纷，弄得孙权又犹豫起来。

鲁肃看到这种情形，便把孙权请到一旁说：『依我看不如请周瑜回来，和他商量一下。』这句话正说到孙权心坎上，便急召周瑜。

这时，周瑜正在鄱阳湖附近操练水军，得到孙权的火急文书，便马上回来。鲁肃在路上便把朝中争论一一告诉他，周瑜说：『请先生放心，我自有主张。』

周瑜一见孙权，便积极主战，他说：『曹操自称丞相，实际上是篡夺皇位，霸占天下，现在他所怕的只有将军和刘备。人们一听说有八十万军队就被吓住，其实将军兵精粮足，以逸待劳，和曹操作战决不会输。再说曹操这次南下，对他有四大不利：第一，北方还没有完全平定，他就急忙南下，他的背后还有敌人，并不是没有后顾之忧；第二，曹操士兵多数是北方人，不习惯水战，又多是投降的军队，斗志不坚；第三，曹操的兵马从北方来到江南，水土不服，容易生病；第四，现在天寒地冻，人马粮草运输困难，日子久了，粮饷就会接济不上。曹操有这些不利条件，将军还怕打不过他？』

孙权听了周瑜这番话，觉得头头是道，立刻站起来，说：『公谨说得有理，我决定和曹贼决一死战！』于是又召集文武百官，申明抗曹的决策，又请周瑜进述了他的见解。言毕，孙权拔出身上的宝剑，狠狠地把桌子砍掉一角，说：『从今天起，我已决心抗曹，如果有人说投降，就和这张桌子一样！』说完，就把宝剑交给了周瑜，要周瑜立刻

发兵抗曹，文官们个个吓得目瞪口呆，不敢做声。

周瑜带领了五六万人马，会同刘备的人马，西去迎战曹操。

不久，孙刘联军在赤壁同曹操的先头部队相遇了。曹军士兵多是北方人，不习惯水上生活，很多人得了疫病，士气很低。两军刚一接触，曹军就吃了败仗。曹操被迫退回长江北岸，屯兵乌林同孙刘联军隔江对峙。

为了克服北军不习惯水上生活的弱点，曹操命令工匠把几艘或十几艘战船编为一组，还用铁链、铁钉连锁在一起，上面铺上木板，以减少风浪的颠簸。这样，人不仅可以在船上来往行走，甚至还可以在船上骑马。这就是曹操的『连环船』。

周瑜的部将黄盖很有经验，他看出『连环船』的弊病，献计说：『现在曹操把战船紧连起来，可以用火攻破他的阵势。』周瑜觉得这是一个好计策，就同意了。

黄盖立即写信给曹操，假称要向他投降。在诈降信上，还约好投降的日子，约定用青龙旗作信号。现在曹操哪把东吴放在眼中，看过黄盖的信深信不疑。

到了周瑜预定攻击曹军的日期，周瑜和部下的将官们，聚集在帐中，准备战斗。他先派出六路兵马，一路去烧曹操放在乌林的粮草，二路切断曹操的后路，三路兵马包围曹操的大寨。

这时，黄盖早已准备好了二十只火船，船内装满了干柴，柴上浇了油，顶上撒上硫磺、硝石等容易引火的东西，

外面用青色油布遮盖，船上插着青龙旗。黄盖坐在第一只船上。周泰、韩当、徐盛等将领跟在后面，一齐驾着船向曹营水寨进发。

这天，正逢冬至，江面上起了东南风。曹营也早已得了信，说是投降的人今天要到。曹操带领众将站立在营外，隐隐约约地看到二十条插着青龙旗的船只，心想这一定是黄盖的船。

这时，忽然有人叫起来：『不对，不像粮船，粮船不会走得这样轻快，得小心提防。』曹操一听，急忙下令通知这些船只，停止前进。

此时，风大船急，说时迟，那时快，黄盖的船直逼曹操的水寨。黄盖大喊一声：『放火！』二十只火船一齐燃烧起来，火舌被风卷起，像二十条火龙，直向曹操的战船驶来。

火借风威，风助火势，烟雾漫天，一下子就烧到曹营的船上。曹营的船都被铁链连住，无法逃脱，全都着起火来。只见那熊熊的大火照耀着江面，如同万条金龙，漫天遍地一片通红。曹营水寨顿时变成了火海。

曹军早已慌乱一团，喊声夹着哭声，有的人无路可走，只好跳下水去，尸体漂满江面，焦味冲天。

这时满江火滚，喊杀声震天动地。左边是韩当、蒋钦两军从赤壁西边杀来，右边是周泰、陈武两军从赤壁东边杀来，正中是周瑜、程普、徐盛、丁奉大队船只杀到。烈火腾腾，杀声四起，曹军兵马着枪中箭，火烧落水的不计其数。

在慌忙中曹操和他的部下张辽，只带着一百多人，从火海里逃出去。走不多时，只见乌林已经起火，背后又喊声大起，路上几次遇到埋伏，好容易才逃到荆州。曹操查看一下人马，已经损失大半，不由得仰天长叹，泪如雨下，急忙连夜逃回许昌。

赤壁之战，曹操向南方进入的计划遭到失败，退回北方，从此再也无力南下。孙权保住了江南地盘，刘备向孙权借得荆州作根据地，又向巴蜀发展。于是，天下就成了魏、蜀、吴三国鼎足三分的形势。

卷十三 用间篇

孙子曰：凡兴师十万，出征千里，百姓之费，公家之奉①，日费千金；内外骚动②，怠于道路③，不得操事者④，七十万家⑤。相守数年，以争一日之胜⑥，而爱爵禄百金⑦，不知敌之情者，不仁之至也⑧，非人之将也⑨，非主之佐也，非胜之主也⑩。故明君贤将，所以动而胜人⑪，成功出于众者，先知⑫也。先知者，不可取于鬼神⑬，不可象于事⑭，不可验于度⑮，必取于人，知敌之情者也⑯。

注释

①公家之奉：公室负担的军费开支。公家，公室、国家。奉，供奉，此处指军队费用。②内外骚动：全国上下动乱不安。内外，指前方与后方。③怠于道路：在路上运送军需物资的疲惫不堪。④不得操事者：不能操持农事的。事，此处指农事。⑤七十万家：这里说明用兵对广大民众生产生活的影响。⑥相守数年，以争一日之胜：对方相持多年，为的争一朝的胜利。相守，相持。⑦而爱爵禄百金：如果吝惜爵禄和钱财。而，如果。爱，吝惜、吝啬。爵，爵位、官位。禄，俸禄。⑧不仁之至也：不讲仁德达到了极点。⑨非人之将也：汉简本作『非民之将也』。⑩非胜之主也：不是胜利的取得者。主，主宰者、主人。一说为君主。⑪动而胜人：动用兵力就可以战胜敌人。动，举动，这里指出兵、用兵。⑫先知：事先察明敌军情况。⑬不可取于鬼神：不能通过占卜、祭祀鬼神等迷信方法达到先知。⑭不

可象于事：不能用对事物进行机械类比的方法去推测。⑮不可验于度：不能靠推算日月星辰的运行位置去判断敌情。验，验算，验证。度，度数，此处指日月星辰运行的位置。⑯必取于人，知敌之情者也：必须取之于人，从熟悉了解敌军情况的人那里取得。

译文

孙武说：凡是出兵十万，千里征战，百姓们的耗费，国家的开支，每天要花费千金。举国上下纷乱不安，民众为运输物资而在路上疲惫地奔波，因而无法进行耕作生产的，就有七十万家。战争双方相持多年，是为了争一朝胜利，如果吝惜爵位俸禄和钱财，不肯重用间谍，以致因不能了解敌军情况而失败，那就是不讲仁德到了极点。这样的人不配作军队的将帅，不是国君的辅佐，不能成为胜利的主宰者。英明的国君和贤良的将帅之所以一出兵就能战胜敌人，功业超出于众人之上，在于他们能预先了解敌情。而要做到预先了解敌情，不可用迷信鬼神或占卜问卦的方式取得，不可用以前相似的事情作类比，也不可从观察日月星辰运行位置的度数去验证，必须从熟悉了解敌情的人那里去获得。

原文

故用间有五：有因间，有内间，有反间，有死间，有生间。五间俱起，莫知其道①，是谓神纪②，人君之宝③也。因间者，因其乡人而用之④。内间者，因其官人而用之⑤。反间者，因其敌间而用之⑥。死间者，为诳事于外⑦，令吾间

知之，而传于敌间也⑧。生间者，反报也⑨。

注释

①五间俱起，莫知其道：五种间谍同时发挥作用，能使敌人无法摸清其中的规律。②是谓神纪：这可称作神秘莫测的法则。是，这。纪，法则、道理。神纪，神秘莫测的道理。③人君之宝：是国君的法宝。人君，国君、君主。④因间者，因其乡人而用之：所谓因间，是利用敌国的当地人作为间谍。因，凭借、根据，此处指利用。乡人，本地之人，一说即乡大夫的略称，是春秋战国时的地方官。⑤内间者，因其官人而用之：所谓内间，是利用敌国的官吏为间谍。官人，此处指敌国的官僚吏员。⑥反间者，因其敌间而用之：所谓反间，就是收买敌方的间谍为我所用，成为我方的间谍。⑦为诳事于外：有意向外散布虚假情报，以欺骗和迷惑敌人。⑧令吾间知之，而传于敌间也：让我方间谍知道故意散布泄漏的虚假情报，并传给敌方间谍，以使敌人中计。因为事发之后我方间谍往往不能生还，故称之为死间。《通典》、《太平御览》皆作『令吾间知之，而待于敌。』⑨生间者，反报也：所谓生间，就是能够活着回来报告敌情的人。反，同『返』，返回。

译文

使用间谍的方式有五种：即因间、内间、反间、死间、生间。如果五种间谍都同时发挥作用，能使敌人无法摸清其中的规律，这是神秘莫测的方法，是君主克敌制胜的法宝。所谓『因间』，是利用敌国的当地人作为间谍。所谓

『内间』，是收买利用敌方的官吏作为间谍。所谓『反间』，是指利用敌方派来的间谍为我所用。所谓『死间』，是指故意散布虚假情报，让我方间谍知道而传给敌方间谍，以诱使敌人中计，事发后往往被敌人处死。所谓『生间』，是指能够活着回来报告敌情的人。

原文

故三军之事，莫亲于间①，赏莫厚于间②，事莫密于间③。非圣智不能用间④，非仁义不能使间⑤，非微妙不能得间之实⑥。微哉微哉⑦！无所不用间也。间事未发，而先闻者，间与所告者皆死⑧。

注释

①三军之事，莫亲于间：全军上下没有比间谍更亲信的。汉简及《通典》、《太平御览》皆作『三军之亲，莫亲于间』。②赏莫厚于间：赏赐没有比间谍更优厚的。③事莫密于间：了解军务内情没有比间谍更为机密的。④非圣智不能用间：没有超人的智慧，不能够使用间谍。圣智，超凡杰出的才智。⑤非仁义不能使间：如若吝惜赏赐，不能以诚相待，就不能使用间谍。仁义，此处指不吝封赏，以诚相待。⑥非微妙不能得间之实：如不是用心精细、手段巧妙，就不能从间谍方面获取真实的情报。微妙，精细巧妙。实，实情。⑦微哉微哉：微妙啊，微妙！⑧间事未发，而先闻者，间与所告者皆死：用间的计谋尚未施行，如果走露了消息，那么间谍和知情者必须处死。先闻，事先听说。

译文

所以全军上下，没有比间谍更亲信的，论奖赏没有比间谍更加优厚的，了解军机内情没有比间谍更机密的。没有超人的才智，不能够使用间谍，吝惜封赏不推诚待人者也不能使用间谍，如果不是用心精细、手段巧妙，就不能从间谍方面获取真实的情报。微妙啊，微妙！无时无处不可以使用间谍。用间的计谋尚未施行，如果泄漏了机密，那么间谍和知道了机密的人必须处死。

原文

凡军之所欲击，城之所欲攻，人之所欲杀，必先知其守将、左右、谒者、门者、舍人①之姓名，令吾间必索知②之。

注释

①守将、左右、谒者、门者、舍人：守将，守城将领。左右，守城将领的身边亲随。谒者，负责通报传达的官吏。门者，负责守门的官吏。舍人，守将的幕僚、门客。②索知：侦察探明。索，侦察，探听。

译文

对于凡是要攻击的敌军，要攻占的敌国城邑，要杀掉的敌方人员，必须事先了解主管将领、左右亲信、通报传达官吏、守门官吏以及门客幕僚的姓名，让我方间谍务必将这些情况侦察清楚。

原文

必索敌人之间来间我者①，因而利之②，导而舍之③，故反间可得而用也。因是而知之④，故乡间、内间可得而使也⑤。因是而知之，故死间为诳事，可使告敌⑥。因是而知之，故生间可使如期⑦。五间之事，主必知之，知之必在于反间，故反间不可不厚也⑧。

注释

①必索敌人之间来间我者：必须搜查出敌方派来刺探我情报的间谍。《通典》、《太平御览》无『必索』二字。武经本作『必索敌间之来间我者』。②因而利之：乘机收买利用敌方间谍。③导而舍之：设法对敌间进行开导，然后交给他任务，放他回去。导，劝导，开导。舍，释放、放开。④因是而知之：从反间那里了解敌方情况。是，此处指反间。⑤乡间、内间可得而使也：乡间、内间可以得到更有效的使用。乡间，即上文所说的『因间』，因为以敌方『乡人』为间，故又称『乡间』。⑥死间为诳事，可使告敌：这样就可以使死间把假情报传给敌人。《通典》、《太平御览》在此句下有『因是可得而攻也』句。⑦生间可使如期：可以使生间按时返回汇报敌情。如期，按期。⑧反间不可不厚也：五种间谍中，反间是最重要的，所以不能不给予优厚的待遇。厚，厚待。

译文

必须搜查出敌方派来刺探我情报的间谍，以便乘机收买利用，加以劝导后放回。这样，反间就能够为我所用了。

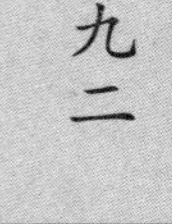

通过反间可以得知敌情，因而乡间、内间可以得到有效的使用。通过反间可以得知敌情，因而可以使死间把假情报传给敌人。通过反间可以得知敌情，因而可以使生间按期返回汇报敌情。对于五种间谍的使用，主持者都必须掌握。了解情况最重要的在于使用反间，所以对反间不能不给予优厚的待遇。

原文

昔殷之兴也①，伊挚在夏②；周之兴也，吕牙在殷③。故惟明君贤将，能以上智为间者④，必成大功。此兵之要⑤，三军之所恃而动也⑥。

注释

①昔殷之兴也：殷，殷朝，即商朝。公元前17世纪，商汤灭夏桀，建立商朝，以亳（今河南商丘北）为都。商王盘庚迁都至殷（今河南安阳），所以又称殷朝。兴，兴起。②伊挚在夏：伊挚，即伊尹。原为夏桀的臣下，商汤任用他为相，打败了夏桀。夏，夏朝。③吕牙在殷：吕牙，即吕尚，又叫姜尚，字子牙。曾为殷纣王的臣下。周武王姬发伐纣时，任用他为『师』，打败了殷纣王。④以上智为间者：用具有很高智谋的人做间谍的。上智，有高超智谋的人。⑤此兵之要：要，要害，关键。⑥三军之所恃而动也：整个军队都要依靠间谍提供的情报来采取行动。恃，依靠。

译文

过去商朝的兴起，是由于重用了在夏为臣、了解夏朝内情的伊挚；周朝的兴起，是由于重用了曾在殷朝为官、熟知殷朝内情的吕牙。所以，明智的君主和贤能的将帅，如能任用智谋高超的人作为间谍，一定能成就大功业。这是用兵运筹的关键所在，整个军队都要依靠间谍所提供的情报来采取行动。

有施妹喜惑夏桀

夏王朝建立之后，有其辉煌的岁月，但传至第十四代的夏桀时，已是风雨飘摇，大厦将倾，岌岌可危。

夏桀其人，据说智力超群，颇有腕力，可以扳直铁钩。然而好大喜功，追求奢侈，贪图享乐的欲望，没有止境。夏桀继承王位期间，在夏国的北方的昆吾、豕韦都先后称霸，在其东边的商国也日益强大起来。相比之下，夏王朝日渐衰败。夏桀不甘心这一现实，企图依恃自己的智力和勇武，出兵讨伐相对弱小的临国。夏桀权衡之后，选择有施氏为突破点，亲率士兵前往。

有施氏深知自己不是夏桀的对手。当得到夏桀率军前来讨伐的情报之时，一面派兵守御，一面召集臣僚筹划对策。危难之时，集思广益，想出了一条暂避祸患的美人计，借以瓦解夏桀的攻势，使自己得以保存，以图后举。计策已定，有施氏部落的首领便令侍从在城门上悬挂白旗，以示投降之意，条件是：夏桀若停止讨伐，有施氏便献上天下

无与伦比的美女妹喜。

妹喜是有施氏人家的子女，又黑又亮的一头秀发，长可及地，明目皓齿，光彩照人。夏桀一见，便心摇神动，魂不守舍。立即答应有施氏的求降，鸣金收兵，带着妹喜和有施氏贡献的金钱财宝返回夏朝都城。

天生丽质的妹喜，使夏朝后宫的宠妃个个暗然失色，夏桀一心一意爱怜着妹喜。为了讨得妹喜的欢心，夏桀下令重修宫室，富丽堂皇高大无比，抬头仰望，大有倾天之感，故名为『倾宫』。宫内筑琼室瑶台，走廊上镶嵌着象牙，床榻用白玉雕琢，极尽奢侈豪华之能事。而妹喜深知自己是兵败求生的贡品，牢记有施氏的耻辱和肩负报仇的使命。于是，她千方百计地纵容夏桀浪费钱财，结怨臣民。夏桀对此毫无觉察，只贪图妹喜的容貌、性感的体态，从中获得从未有过的激动。所以，对妹喜惟命是从。有一天，妹喜与夏桀对饮，妹喜说：『舞女长得太丑陋，舞池也太寒碜。应该挑选年轻貌美的少女，穿戴五彩绣衣，重修舞池，三千人同时起舞才能赏心悦目。』夏桀立即委派得力宠臣照妹喜所言办理。一时间，弄得鸡犬不宁，百姓叫苦连天。好不容易挑选了三千少女，赶制出五彩绣衣，还得找乐师编曲教舞，宫嫱之内，忙忙碌碌，待乐师报告舞曲演练已毕，夏桀急可不耐地命令即日在倾宫演出。妹喜陪着夏桀倚栏而观，只见一队队身着不同颜色绣衣的舞女冉冉而入，大红的、翠绿的、天蓝的纯白的，斑斓的色彩，撒满舞池。伴奏的舞曲鸣响，个个脸似芙蓉，腰若细柳，随着音乐节拍，翩翩起舞，翠摇珠动，红飞绿舞，千姿百态，变化无穷；再伴以犹如娇鸟啼春的清脆歌声，使夏桀目迷神移，乐不可支；妹喜也心花怒放，兴奋异常。次日再行歌舞，

间隙时由宫奴巡行斟酒，妹喜嫌有碍观赏，便献上一策：与其个个赐酒赐食，不如筑一酒池，池边设肉山脯林。舞罢一曲，由舞女自行采食，将另有一番情趣。夏桀拍手称赏，即刻召见侍臣曹触龙、于辛，命其在倾宫园内修筑可以泛舟的大池，池中贮酒，池旁置肉山脯林。曹、于二人为了邀宠，特别卖力，先令百姓挖一又长又大的池子；将泥土堆成小山，栽种树木；池壁用大石砌成，池底铺上鹅卵石，大小相同，洁净无比，贮以美酒，作为池水；小山上铺绿色布帛，重叠摆上禽肉，犹如石块；树木上挂着用红绿布帛包裹的肉脯，似花若叶。又制作一轻巧的小船，供夏桀、妹喜乘坐，往返服游于池中。工程完竣，夏桀与妹喜前往观鉴，一见精致的酒池脯林，喜不自胜，急切地登上小船，荡漾池中；三千美女绕池歌舞。歌罢一曲，美女们爬在池边作牛饮之状，接着上山摘吃肉脯，欢声笑语，不绝于耳。夏桀放眼望去，若处在香国之中，流连忘返，如此歌舞不止，还嫌白日太短，又举灯火，作长夜之饮。美女的绣衣沾上酒痕油渍，又赶制新装。三番五次更换，都摊派给穷苦百姓，众百姓敢怒而不敢言。

妹喜对此渐渐厌倦，就怂恿夏桀到民间寻找身怀绝技的角色，诸如弹唱小曲的歌妓、奇形怪状的侏儒、玩杂耍的艺人等，召进宫中，供其取乐。可是，时过不久，妹喜又生厌倦，且突发奇想，对夏桀说：撕裂布帛的声音十分悦耳。夏桀立即下令每天进贡一百匹布帛，命力大的宫女轮番撕裂给妹喜听。单调的撕裂声弄得夏桀和妹喜头昏脑胀，又再变新法：妹喜脱去红妆，穿起戎服，招摇过市。几日过后妹喜忽觉还是浓妆艳抹更能使夏桀沉迷，便恢复红装，肆意修饰。不仅如此，妹喜觉得倾宫虽然豪华，但太沉闷，提出要与夏桀上朝，见见群臣朝拜的场面。夏桀当

然听从，就搂着妺喜上朝，还让妺喜坐在自己的腿上，听群臣奏事，任由妺喜随意决断。

一批正直的臣子看到夏桀沉迷女色，荒淫无度，靡费钱财，无不为夏朝的命运忧虑。太史令终古首先苦谏说：『勤俭失道的君王，必有亡国之虞。』夏桀不以为然，还以天上的太阳自许，终古见其执迷不悟，便全家逃往商国。大夫关龙逄看到夏桀不仅不纳终古的劝谏，反而强令诸侯国增加贡品，任意挥霍；四处派兵，搜罗美女宝货，供其玩乐。就捧黄图进宫劝谏，声泪俱下。夏桀厌恶关龙逄进宫扰乱了他与妺喜的淫乐，勃然大怒，夺过黄图，扔进火炉，顿时化为灰烬。关龙逄对此十分痛苦，便冒死说道：『君王不务贤明，不爱百姓，夏朝的灭亡，指日可待。到那时，悔之晚矣！』夏桀一听此言，气得浑身发抖，喝令侍卫将关龙逄推出斩首。

忠臣出走、被杀，佞臣像苍蝇一样乘机而入，围绕在夏桀跟前，投其所好，搜刮百姓，以大量的金银财宝和美女来满足夏桀的贪欲。不堪重负的百姓，愤恨地说：『天上的太阳为什么不快点灭亡！』面对众叛亲离的时局，夏桀仍沉迷于花天酒地之中，不知祸患将至。当他听到商国日益强盛，为开拓疆域，攻占昆吾，还要进兵夏朝，惊怒并生。可惜强壮魁梧勇武的夏桀，自妺喜入宫之后，日夜淫乐，已经是手无缚鸡之力了。然而，他仍骄枉自负，决心与商国的兵马决一雌雄。两军相遇，夏桀毫无招驾之力，只得步步后退，丢盔卸甲，溃不成军。商汤率兵乘胜前进，攻入夏朝都城。夏桀早就携妺喜出逃。商汤进到三，才把夏桀活捉，将其流放南巢，不久，便一命呜呼，结束了夏朝四百余年的江山。

骊姬设计害太子

晋武公晚年求娶于齐，齐桓公以宗女嫁之，是为齐姜。此时晋武公已很衰老，齐姜年少而美，世子佹诸与齐姜发生私情，生下一子，暗中寄养于申氏，故取名申生。公元前677年，武公死，佹诸继位，是为献公，立齐姜为夫人、申生为世子，任命里克为世子之傅。公元前662年，晋国出兵攻打骊戎，骊戎主求和，将两个女儿献给献公，长曰骊姬，次曰少姬。骊姬相貌美丽，又工于心计，不久就得到献公宠爱，逾年生下一子，取名奚齐，又逾年少姬也生下一子，取名卓子。献公越来越宠爱骊姬，竟立骊姬为夫人，封少姬为次妃。献公打算改立奚齐为世子，与骊姬一说，骊姬心中早就想这样，但又不露声色。她思谋再三，觉得无故变更世子，君臣必然不服，出面谏阻，而且献公的庶子重耳、夷吾与申生关系很好，此事若办不成，引起他们的提防，反而坏了事。想到此处，她便对献公说：『申生立为世子，各诸侯国都知道，而且申生贤而无罪，不可废黜。您如果因为我们母子的缘故废掉申生，我宁可自杀也不答应。』献公以为她说的是真心话，也就把这件事搁下不提。献公有一个很宠幸的优人，名叫施，常出入于宫禁，骊姬便与他私通，与他商议废立之事。优施出主意说：『应该以封疆为名，让申生和重耳、夷吾到外地出镇，然后从中行事。但此事须由外臣口中说出，才见出是忠谋。现在主上宠信的大夫有两人，一个叫梁五，一个叫东关五，别人合称他们为「二五」。夫人如果肯出重金贿赂二五，让他们相机进言，事情必成。』骊姬闻言大喜，拿出许多金帛，让优施去办这件事，二五巴不得结交君上的宠姬，双方一拍即合。晋献公不辨忠奸，果然派世子申生出镇曲沃，重耳出镇蒲，夷吾出镇屈邑。这样，晋献公身边只有奚齐和卓子这两个儿子，宠爱之情不由地与日俱增，骊姬更使出浑身解数献媚取宠，二五也不时在献公面前夸赞奚齐。

但是，申生为人忠正小心，又屡次带兵出征，立下战功，一时竟无加以陷害的借口，骊姬非常焦急，又与优施商议。优施说：『君上虽然对世子日益疏远，但知子莫若父，他了解世子的为人，若诬告世子谋逆，他必然不相信。夫人只有经常在君上面前哭诉，表面上赞扬世子，话里暗含诬谤，才能见效。』骊姬是很聪明的女人，一听此言，心里也就有了主意。夜半时分，她伏枕而泣，晋献公慌忙讯问原因，她只是抽泣，再三推托，不肯明说。晋献公逼着她讲，她才收泪说道：『我就是说出来，您肯定也不相信。我所以哭泣，是怕不能长久侍奉在您身边啊！』晋献公说：『你为什么说出这种不祥之言？』骊姬回答说：『我听说世子为人外仁而内忍，他在曲沃，极力给人民实惠，人民都愿意为他效死力。他这样做，是有目的的。他经常对人说君上您为我所迷惑，国必乱，这话举朝皆知，就是君上您不知道啊。他莫非是想用清君侧的名义，祸及君上，您何不杀了我以谢世子，阻止他的阴谋。不要因为我让百姓受苦啊！』献公听了，果然有些不信，说：『申生对庶民都很仁惠，难道对父亲反倒不仁吗？』骊姬说：『您说得有道理。不过我听说，地位高的人与庶民对仁的理解是不同的，庶民以亲爱为仁，地位高的人以利国为仁。只要对国家有利，还有什么亲情可讲呢！』献公又说：『申生很重视声誉，他难道就不怕留下恶名吗？』骊姬说：『过去周幽王不杀宜臼，把他流放到申，申侯联合犬戎杀幽王于骊山之下，立宜臼为君，是为周平王，成为东周的始祖，至今代代相

传。有此事件，幽王之恶益彰，谁还把不好的名声加到平王头上呢！』

听了骊姬的话，晋献公悚然而惊，披衣起坐，越想越觉得骊姬说得有理。骊姬见晋献公已被自己的话说动，便进一步火上浇油说：『您为何不自称年老，把国家交给申生呢？他得到国家，满足了欲望，或许会放您一条生路。』掌握权力的人很少有甘心情愿地交出权力者，哪怕是交给自己的儿子，更何况晋献公已对申生起了疑心。他听了骊姬的建议，断然拒绝让位，下了惩治申生的决心，可又找不到借口。骊姬见时机成熟，献计说：『赤狄皋落氏屡次侵犯我国，您为什么不让申生带兵讨伐，看看申生是否真的能收拾人心。如果他打了败仗，处治他就有借口了。如果他打了胜仗，说明他的确已是人心所归，他自恃有功，必有异谋，那时再惩罚他，国人必然心服口服。』晋献公觉得这个主意很高明，果然传令让申生率领曲沃的士兵去讨伐皋落氏。大臣里克进谏说：『太子是国家的储君，所以国君出行便让太子监国。太子应该朝夕在国君身边，派去远方已不适宜，哪能让他统兵出征呢？』晋献公说：『申生已多次带过兵打过仗了。』里克说：『过去太子带兵，都是跟随您出征，现在让他单独领兵，不可。』听到这里，晋献公仰天而叹，说：『我有九个儿子，哪个是太子，还未定呢。』一听这话，里克立即明白了晋献公对申生的态度，默然而退，告诉大臣狐突。狐突听了，知申生地位危险，急忙派人给申生送信，劝他不要出战，应该逃走。申生是个忠孝之人，虽然明白了父亲让他带兵出征是想试探他的心，还是不愿违抗君父之命，说：『违抗君命，我的罪过就大了。如果在战斗中我有幸战死，还可以落下个好名声。』于是率军出去，打败了皋落氏，向晋献公报捷。骊姬说：『看来世子果然是人心归附了，怎么办呢？』晋献公说：『他的罪过还未显露，再等待一阵子。』狐突预料国家将出乱子，便假装患了重病，闭门不出。恰在这时，虢国屡次进犯晋国南境，边关告急，晋献公准备派兵伐虢，骊姬又趁机说：『何不再让申生出征，他威名素著，士卒愿意替他效力，一定会成功。』晋献公因相信了骊姬先前说的话，怕申生战胜虢国之后，威名更盛，更难以驾驭，踌躇不决，询问大夫荀息的意见，荀息认为虢国与虞国同姓比邻，必相互救援，出兵讨虢不一定会获胜，不好抓住虢公好色的毛病，赠以美女，让他不理政务，再贿赂犬戎侵扰虢国边境。晋献公依言而行，果然大见成效，在虢国内外交困之时，又按照荀息提出的先假虞灭虢然后再灭虞的计策，派里克为上将，荀息为次将，灭了二国。

骊姬本想怂恿晋献公派申生伐虢，不想由里克代行，又兵到功成。骊姬认为里克是申生一派的人，很觉忧虑，对优施说：『里克功高位重，我无以敌之，怎么办？』优施说：『荀息的功劳和智慧都不在里克之下，如果请求君上派荀息为奚齐和卓子之傅，抵挡里克足足有余了。』骊姬跟晋献公一说，献公也就答应了。将荀息拉到自己一边后，骊姬总觉得里克在朝，对实现自己的阴谋终归是个阻碍，想收服他，或至少让他保持中立，优施又献计说：『里克为人外强而中多顾虑，如果晓以利害，他很可能首尾两端，然后可慢慢收归我用。里克喜欢饮酒，夫人如果能设宴，由我出面陪里克饮酒，我用言语试探他，他听得进去，是夫人的福分，他听不进去，就算我这个优人与他开了个玩笑，也不会出什么事。』于是骊姬为优施准备好酒食，优施与里克约好，携酒至其家。酒至半酣，优施为里克唱歌道：『暇

豫之吾吾兮，不如乌乌。众皆集于菀兮，尔独于枯。菀何荣且茂兮，枯招斧柯。斧柯行及兮，奈尔枯何！』里克问：『什么是菀，什么是枯？』优施说：『拿人做个比方，母亲身为夫人，儿子将成为国君，根深叶茂，众鸟依托，这就是菀；如果母亲已死，儿子又得谤，祸言将及，木摇叶落，鸟无所栖，这就是枯。』说罢，优施就告辞而去。里克知优施出入宫禁，深受国君和夫人宠爱，越想越觉得他的话暗藏玄机，不待天明，就到优施家询问究竟，优施把里克让入内室，对他说：『我早就想告诉你，可你是世子之傅，所以才未敢对你直言，恐怕你怪罪。』里克说：『能使我预先思虑免祸之策，这是你对我的爱护，我怎么会怪罪呢！』优施遂附耳低语说：『君上已答应夫人，将杀掉世子，改立奚齐。内有夫人主持，外有中大夫协助，事情必成。』里克一听，心生恐惧，叹息说：『支持君上杀掉世子，我不忍心，辅助世子对抗君上，我又才力不及，我就中立旁观吧。』于是假装坠车伤足，不再上朝。

笼络住了荀息、里克这两名朝廷重臣，骊姬就不用担心改立世子会遭到外朝反对了，下一步的工作是促使晋献公下定杀世子之心。一天夜里，骊姬对献公说：『世子久居曲沃，你何不把他召回一见呢？不过，你要说是我思念他，这样我有德于他，将来或许能免杀身之祸。』献公依言召回申生，申生拜见骊姬时，骊姬设宴款待，次日申生入宫谢宴，骊姬又留饭。夜里，骊姬流着眼泪对献公说：『我想挽回太子的心，所以以礼待他，不想他更无礼了。』献公问：『他做什么了？』骊姬说：『我留他吃饭，酒半酣时，他调戏我说：「过去我祖父老的时候，把我母亲姜氏给了我父亲，现在我父亲老了，肯定要把你留给我。」说着就要拉我的手，我坚决拒绝，才避免受辱。您若不信，我可以

与太子同游园囿，您躲在台上亲自观察。』献公答应了。第二天，骊姬先把蜜涂在头发上，然后招申生到园中同游。蜂蝶闻到蜜味，围着骊姬的发髻纷飞，骊姬说：『世子替我驱赶一下蜂蝶吧。』申生从后面用袖驱赶，献公望见，以为申生真有调戏之事，不由大怒，便想抓住申生处死，骊姬劝阻说：『我把世子召来，使他被杀，就等于是我杀了他。而且宫中暧昧事，不可传扬，先忍耐一下吧。』于是献公让申生回曲沃，暗中派人搜求申生的罪过。

几天后，献公到外地狩猎，骊姬抓住时机，派人告诉申生说：『我梦见你母亲齐姜诉苦，说没有饭吃，你赶快祭奠一下吧。』申生果然祭祀其母，派人向献公呈送胙肉，骊姬向酒肉中下了毒。过了几天，献公回宫，骊姬把申生致胙之事告诉他，献公拿起酒就想喝，骊姬拦住说：『从外面送进来的食物，都应该先试一下。』把酒洒在地上，地面鼓起，把肉丢给狗吃，狗立即就死了。骊姬还假装不信，召来一名小内侍，强迫他尝酒肉，七窍流血而死。直到这时，骊姬才佯装大惊失色，呼天抢地地说：『老天爷呀，国家本来就是太子的，君主已老，难道就不能等待几天吗，非要杀君不可！』说完，又跪在献公面前，痛哭流涕地说：『太子所以做这种事，全是因为我们母子的缘故，请您把这酒肉赐给我吧，我愿替你而死。』说着，拿着酒就要喝，献公急忙夺下，气得半天说不出话来。待缓过一口气来，献公怒气冲冲来到朝堂，召集诸大夫议事，狐突早就杜门不出，里克以足疾为辞，其他人毕集朝堂，献公把申生的『逆谋』告诉群臣，群臣面面相觑，不敢置对，只有东关五自请带兵讨伐太子，献公任命他为主将，以梁五为副，率领二百乘兵车，开往曲沃。申生闻讯，自缢而死。申生死后，骊姬又想除掉重耳和夷吾，二人闻讯，逃往国外去了。

于是献公立奚齐为世子，骊姬的愿望得以实现。

骊姬陷害申生、扶立奚齐，是一场惊心动魄的宫廷斗争，她运用了树上开花之计，获得成功。骊姬作为战败的骊戎送给晋献公的礼物，本无什么地位，但她凭着自己的美貌和才智，博得献公宠幸，生下奚齐，从此便有夺嫡之心。但她深知，申生立为世子，诸侯尽知，且申生为人仁孝，颇得人心，力量强大，自己一时尚不是他的对手。若想除掉申生，须从两方面下手，一是在献公身上下功夫，让他不但厌恶申生，还要相信申生是大恶之人，才能痛下杀手；二是在朝臣身上下功夫，剪除申生的羽翼，增强自己方面的力量。在这两方面，骊姬都运用了一连串计谋，无所不用其极。比如，为了让献公相信申生有调戏她之意，她竟想出以蜜涂发招引蜂蝶的主意，在本来无花的树上做出花来，而且做得逼真之至，让献公亲眼目睹，借献公自己的眼睛欺骗献公。其他计谋，莫不是因势利导，借局布势，壮大自己，削弱对方。就这样，骊姬步步为营，稳扎稳打，巧设机关，布置陷阱，最终把申生逼上绝境，让奚齐取而代之。

子胥荐离刺庆忌

春秋时期，公子光派侠士专诸刺杀吴王僚夺取政权，当上了吴国国君，这就是吴王阖闾。阖闾当上国君后，忽然想到僚的儿子庆忌还在国外，顿时吓出一身冷汗。

庆忌这个人是当时天下有名的勇士，他能力举千斤，而且很有谋略。

阖闾急忙派人去找伍子胥商量。伍子胥是因躲避楚王的追杀才逃到吴国的，为了打回楚国，向楚王报仇，伍子胥

便向阖闾推荐了一个叫做要离的人充当刺客。

要离是一个身材瘦小、外貌极其一般的人。伍子胥担心阖闾看不起要离，特意介绍了要离的身世，并带要离去见阖闾。阖闾看到要离弱不禁风的样子，大失所望，但碍于伍子胥的面子，勉强接见了要离，并问他：『你知道庆忌这个人吗？他有万夫不当之勇，你不害怕吗？』

要离回答：『大王的命令，我会尽力去做的。』

阖闾说：『庆忌这个人，不光有勇力，而且有谋略，他不会轻易让别人接近的。』

要离道：『我答应了伍子胥先生帮助您。请您杀掉我的妻子、儿子，弄断我的右臂，我就可以杀掉庆忌！』

阖闾没有想到要离会做出这么大的牺牲，他果然杀掉要离的妻子、儿子、弄断要离的右臂，还故意把要离妻儿的尸体在城中火化，以使庆忌知道。

要离『逃离』吴国，辗转到了卫国。卫国是庆忌生母所在地，庆忌就躲在卫国。庆忌与阖闾有不共戴天之仇，对吴国的事情了如指掌，但他不知道要离来卫国的目的，因此，要离到了卫国，庆忌立刻接见了要离。两个人『同病相怜』，很快成了『莫逆之交』。数月后，庆忌率大军打回吴国，企图向阖闾讨还血债，要离与庆忌同船而行。

战船行至江中时，刮起了大风。要离觉得这是行刺的大好时机，可以凭借风力弥补自己力量的不足，于是走到上风头，拿起一只锋利的长矛，趁庆忌一心指挥大军渡江之际，突然挺枪刺去。要离的第一枪刺掉了庆忌的头盔，庆忌从未想到过要离会刺杀他，头盔脱落，他还不知道发生了什么事，迟疑之间，要离已挺枪刺中他的心脏。庆忌大惊，挥手挡开了要离刺来的第二枪，把要离头朝下提在手中，向江水中浸了三次，然后把要离放在自己的膝盖上，对左右士兵说：『这个人真是天下少有的勇士，不要在一天之内，使天下失去两位勇士了。我死之后，务必放他回国，以表彰他对主人的忠心。』说完，庆忌就死了。

庆忌手下的人遵照庆忌的命令，果然放了要离。但是，要离在回吴国途中突然停下来，对随从说：『杀了妻子为君王服务，是不仁；为新的君王而杀死旧君王的儿子，是不义；为自己的生命而活下去，是贪生怕死，我有这三种罪恶，还有什么脸面活在世上！』说完，砍断自己的双腿，挥剑自刎。